나만 모른다,
내가 잘하고
있다는 걸

나만 모른다,
내가 잘하고
있다는 걸

나의 자존감을
보살피는 심리학

슈테파니 슈탈 지음
김시형 옮김

갈매나무

'불안' 행성에 사는 당신에게
심리학이 건네는 말

나는 살금살금 수풀 속을 기어간다. 공기가 차다. 어슴푸레한 회색 여명 속에서는 앞이 잘 보이지 않는다. 나는 몇 번이고 주변을 둘러본다. 곳곳에 적이다. 다들 어딘가에 숨어서 공격할 기회를 노린다. 하지만 그마저도 의심스럽다. 혹시 내가 본 것들이 다 허상은 아닐까?

내가 사는 이곳은 '불안' 행성이다. 여기서는 매일매일이 위기다. 여기 사는 자들은 대부분 못된 놈들이다. 이들은 강하다. 나보다 훨씬 강하다. 게다가 똑똑하다. 나보다 더 똑똑하다. 설상가상 내가 약자라는 이유로 틈만 나면 나를 끝장내려 한다. 괜찮은 인간들이 몇몇 있기는 하지만, 방심은 금물이다. 벌써 몇 번이나 크게 당했다. 눈 깜짝할 사이에 주먹이 퍽! 내 배에 박힌다. 여기선 아무리 조심하고 또 조심해도 지나치지 않다.

이 행성에서는 강한 자가 약한 자를 다스린다. 저항은 무의미하다. 사실 그자들이 전혀 마음에 들지 않지만 속으로는 나도 강자가 되고 싶다. 어찌 됐든 약골보다는 강한 인간이 되고 싶다. 어렸을 때부터 지금까지 내 약점을 몰아내려 안간힘을 써왔다. 나는 무얼 하든 실수 없이 완벽하게 처리하려 노력했다. 하지만 항상 원점이다. 이따금 내가 강한 줄 알고 착각한 적도 있다. 잠깐이었지만 참 괜찮은 느낌이었는데……. 그러다 나 자신에게 소리쳤다. "정신 차려! 땅바닥에 딱 붙어 있어! 혼자 잘난 척하지 마. 안 그랬다간 더 크게 당할 거야."

남들이 내가 약한 걸 알아차릴까 봐 나는 복면을 쓰고 다닌다. 이 복면이 있으면 강한 척 위장할 수 있다. 복면 없이는 집 밖으로 한 걸음도 내딛지 않는다. 이걸 쓰고 있으면 강자들도 내가 자기들하고 비슷한 족속인 줄 알고 가만히 내버려둔다. 휴……. 이게 다 속임수라는 걸 들킬까 봐 죽을 것처럼 불안하지만 않다면! 혹시라도 들키면 무슨 지옥이 펼쳐질지 차마 상상하고 싶지도 않다. 여기서 약점이란 곧 죽음이다. 나는 이 약점을 증오한다. 강자들도 증오한다. 하지만 당연히 그 사실을 입 밖에 내지 않는다. 그랬다간 끝장이니까.

복면 말고도 생존하려면 몇 가지 전략이 필요하다. 여기서는 그런 것이 없으면 살기 어렵다. 제일 중요한 건 '입 다물고 있기'다. 그 밖에도 지킬 것이 많다. 남들이 원하는 대로 행동하라. 이왕이면 조금 넘쳐도 좋다. 절대 강자가 시키는 일에 "싫다"고 말하지 마라. 이왕

이면 상대가 말하기 전에 먼저 눈치채고 움직여라. 그래야 더 빨리, 더 많이 임무를 완수할 수 있다. 항상 상황을 파악하고 재빠르게 거기에 맞춰라! 나는 이 필수불가결한 전술들을 지금 내 아이들에게도 열심히 훈련시키는 중이다.

간혹 반란을 시도하는 약자들도 있다. 우스꽝스럽기 짝이 없다. 이들은 큰 소리로 투덜대면 뭔가 소득이 있을 거라고 믿나 보다. 그래서 쉴 새 없이 반항하고, 특히 자잘한 일들에 목숨을 건다. 이들은 마치 강자처럼 공격적이다. 아무리 그래 봤자 칼자루는 늘 강자들 손에 있다.

/////

얼마 전 신문에서 '확신'이라는 행성이 존재한다는 기사를 읽었다. 그곳은 완전히 다른 세상이라고 한다. 민주주의라는 게 통하고, 사람들은 서로 호감으로 대한다고 써 있었다. 심지어 자신을 아끼고 사랑한단다. 그래, 나도 강해지기만 하면 나를 좋아해줄 수 있다. 어이없는 건, 그 확신 행성에서는 약점투성이 인간들도 서로 존중하고 아껴준다는 이야기였다. 이게 대체 무슨 말도 안 되는 소리람? 게다가 이들은 평소에도 기분이 꽤 만족스럽다고 한다. 그야 그렇겠지. 나 또한 만약 나를 믿을 수 있다면 분명 그렇게 살 것 같으니까.

신문에서 그 행성 주민 한 명과의 인터뷰도 읽었다. 그는 그곳 역시 일부 악의적인 인간들이 살긴 해도 대부분은 괜찮다고 말했다.

집 밖에 나가 사람들을 만날 때도 위협을 느끼지 않는다고 했다. 기자가 그 주민에게 복면을 전혀 안 쓰냐고 물었더니, 아예 그게 뭔지도 몰랐다. 그럼 약점을 어떻게 감추냐는 물음에 한다는 말이, 그냥 약점이 있는 채로 산다는 거였다. 약점을 바꾸려 노력하긴 하지만 어쨌거나 사람은 누구나 다 불완전한 존재니까 자연스런 일이라나? 나는 속으로 콧방귀를 뀌었다. '우리 별에 한번 와보시지. 그때도 그렇게 큰소리칠지 궁금하네.'

누군가 공격하면 어떻게 할 거냐는 질문에는 "그야 항의해야죠"라고 답했다. 어떻게 항의할지는 상황에 따라 다르지만, 대부분 상대방에게 당신 행동은 문제가 있고 불편을 준다고 말하는 걸로도 충분하단다! 하하하. 참 잘도 먹히겠다. 그렇게 말했다간 아마 상대는 내가 돌아도 한참 돌았다고 생각하고 신나서 나를 비웃겠지.

확신 행성 주민은 자신의 삶의 방식에 대해 좀 더 설명했다. 그는 목표를 설정하고 그걸 이루려고 노력한다고 했다. 그중에 벌써 이루어진 것이 많다면서, 괜찮은 직업, 사랑하는 아내와 귀여운 두 아이를 꼽았다. 어떤 바람은 이루지 못했지만, 그래도 괜찮다고 말했다. "넘어지는 게 뭐 잘못인가요. 거기서 안 일어나는 게 문제죠!"

배짱 한번 대단하다! 나 같으면 안 넘어지게 조심, 또 조심할 거다. '위험할 것 같으면 가까이 가지도 말라'고 우리 아버지가 항상 하신 말씀을 들려주고 싶군. 주민은 또 덧붙이길, 자기는 하루하루 인생이 준 선물에 감사를 느낀다고 했다. 길을 가다 나무등치라도 껴안을 사람이다. 정신 나간 녀석 같으니.

마지막으로 기자가 그 행성에 가려면 어떤 준비가 필요하냐고 물었다. 그의 대답. "아주 간단합니다. 그저 자신을 있는 그대로 받아들이기만 하면 됩니다!" 뭐야, 지금 나하고 장난하자는 거야? 아주 간단하다고? 이 세상에 그것보다 어려운 일이 더 있단 말이야?

1

작은 실마리부터
들여다보기

★

"제발 자신 있게 살고 싶어요"

자존감이 낮아서 생긴 문제가 밖으로 드러났을 때,
결과를 직면하다 보면 당장은 아프고 힘들다.
하지만 멀리 봤을 때 이 작업은
건강한 자존감을 키우는 데 무척 도움이 된다. …
내가 꼭 하고 싶은 말은 이것이다.
우리가 인생에서 만나는 모든 사람에게 사랑받는 것보다,
진솔하게 말하고 행동하는 것이 가장 중요하다는 사실이다.

자존감 낮은 사람이
자주 듣는 말

　자존감, 누가 이것을 마다할까? 자아, 존중, 감정. 이 세 낱말은 한 인간이 삶을 영위하는 방식과 그가 인생에 대해 느끼는 만족도를 근본적으로 좌우하는 인간의 내적 확신을 뜻한다. 어떤 이는 이것을 느끼고, 어떤 이는 느끼지 못하며, 또 어떤 이는 느꼈다 못 느꼈다 바뀌기도 한다. 누구든 이것이 뭔지는 안다. 지금까지 내가 상담하며 만난 사람들은 하나도 빠짐없이 자신의 자아존중감에 관련된 얘기를 했다. 어떤 형태로든 다들 자존감이 주된 관심사였고, 대부분이 낮은 자존감을 어떻게든 끌어올리려 애쓰는 중이었다. 그들에게서 자주 듣는 말은 대충 이랬다.

　"좀 더 자신 있게 살고 싶어요!"

　살면서 이 생각을 한 번도 해본 적 없는 사람이 몇이나 될까?

　자신감, 자기확신, 자의식이란 표현도 자존감과 같은 뜻으로 종종 쓰이는 말이다. 하지만 나는 그중에서 자존감이라는 단어가 '감정'

이라는 개념을 포함하므로 가장 정확한 표현이라고 생각한다. 한 사람이 자신을 믿지 못하는 상황에 놓이고, 그 상황이 그를 짓누를 때 피어오르는 것은 바로 마음속 감정이기 때문이다. 사실 이런 상황에서 막상 느껴지는 것은 '낮은 자존감' 자체가 아니라 그로 인해 생겨나는 감정들이다.

가장 대표적인 감정이 바로 불안과 수치심이다. 불안과 수치심 역시 몸으로 드러난다. 여기저기 근질근질하고, 심장박동은 급격히 빨라지며, 위나 가슴께가 묵직하게 아프다. 호흡 곤란, 경련, 마비감 역시 우리가 불안과 수치심에 사로잡혔을 때 몸에서 나타나는 반응이다. 이런 증상은 우리가 스스로를 신뢰하지 못하거나 자신의 가치를 충분히 느끼지 못한다는 신호이기도 하다. 그런 상태에서는 슬픔, 실망, 무력감, 분노 따위의 감정도 따라오기 쉽다. 몸에 바로 표시도 난다.

////

'머리로는 이해가 가는데, 도무지 바뀌지가 않아!'

자존감이 낮은 사람들이 자주 듣는 말들은 어떤 걸까? 대표적인 예가 "그냥 좋게 생각해!"라는 말이다. 긍정적인 사고, 밝은 생각……. 참 좋은 말이다. 하지만 남한테는 툭 던지는 이 말도 막상 자기 얘기가 되면 쉽지 않다. 비슷한 말들은 더 있다. "걱정 마. 잘할 거야!", "넌 할 수 있어!", "뭘 떨고 그래?", "남들이 뭐라던 신경 쓸 필요 없어!" 이런 말들은 혼자 하든, 남이 해주든 공허하긴 마찬가지다. 어떤 여성이 속으로는 전혀 믿지 않으면서 매일 아침 거울 앞에 서서 우렁차게 "나는 예쁘다!"라고 되풀이해 말한다고 자존감이 높아질 수 있을까? 진심으로 믿지 않는 것을 스스로에게 계속 주입하기만 하면 상황이 바뀔 거라고 믿는 건 어불성설이다. 그래 봤자 소용 없다는 걸 누구보다 자신이 잘 알기 때문이다.

믿음이란 그런 것이다. 고양이가 자기 꼬리를 잡으려고 제자리를 빙빙 도는 것과 비슷한 원리다. 가끔 불안을 느끼긴 해도 자신을 본격적으로 의심해본 적이 없는 사람 역시 마찬가지다. 아무리 긍정적으로 사고하려고 노력해도 별 도움이 안 된다는 걸 깨닫는다. 마음속 의심의 목소리가 끊임없이 긍정의 목소리를 잡아먹기 때문이다. 서투르기 짝이 없는 자신의 모습이 보이고, 버림받을까 봐 두렵고, 창피당할까 봐 마음이 짓눌리는 듯한 불안은 몇 마디 응원이나 충고로 몰아내기엔 너무 깊고 강하다. 자존감이 훼손된 사람들의 머릿속엔 이런 독백이 오간다. '그래, 네 말은 잘 듣고 있어. 그런데 믿기가 않는걸!', '머리로는 이해가 가는데, 도무지 바뀌지가 않아!'

나 또한 앞의 몇 줄을 쓰면서도 끊임없이 회의에 사로잡혔다. 이토록 복잡한 주제를 글로 쓸 만큼 내가 능력이 될까? 설상가상 수북이 쌓인 종이더미가 눈에 들어오자 이런 생각이 든다. '틀렸어. 난 못해.' 이제 이 의심이 모든 생각을 차단한다. 그러면서도 내 안의 다른 한 부분은 당연히 내가 이 일을 할 수 있다는 사실을 알고 있다.

'책을 처음 쓰는 것도 아니잖아. 할 말도 꽤 있고.'

그럴 때 나는 일단 마음속 목소리들이 주거니 받거니 하는 걸 가만히 들어본다. 걱정 많은 나와 용기를 북돋는 나 중 어느 쪽에 더 믿음을 실어줄지 고민한다. 내가 도대체 왜 책을 또 써야 하는지, 정말 의미 있는 행동인지 자문자답하는 동안 시간은 속절없이 흘러간다. 책상 옆에는 피아노가 있다. 책 같은 건 당장 때려치우고 피아노나 신나게 치고 싶은 충동이 솟구친다. 하지만 나는 끈질기게 자리에 앉아 있기로 한다. 포기하고 싶지도 않고, 무엇보다 마음속 여러 목소리 중 적어도 한 가지에는 확실히 믿음이 가기 때문이다. '지금은 무조건 버텨야 돼!'

삶을 어렵게 만드는 자기회의

다행히 나는 자존감 부족으로 곤란을 겪는 축은 아니다. 사실 그 이유 때문에 내가 이 주제를 다루기에 딱 적합한 인물은 아니라는 생각도 든다. 노력을 통해 자신감이 부족했던 과거에서 벗어난 사람으로서 그것이 어떻게 가능했는지 독자들에게 생생하게 알려줄 수 있다면 얼마나 완벽할까? 이런 온갖 생각들이 여전히 내 글쓰기를 방해한다. 공교롭게도 내가 기술하려 했던 그 상태가 바로 지금 내 상태라는 것이 퍼뜩 떠오른다. '자기회의.' 한 인간을 마비시키고 그의 삶을 어렵게 만드는 것. 물론 누구나 살다 보면 방금 나처럼 불쑥 자기회의를 겪곤 한다. 다만 이것이 꽤 자주, 혹은 삶의 전체적인 측면에서 한 사람을 괴롭히면 이 사람은 자존감 결핍에 시달리고 있다고 판단한다.

　사람이라면 누구나 때때로 이 심리 상태를 경험하는데, 특히 강도가 높고 격해지는 현상이 나타나면 자존감 결핍이라고 부른다. 불안, 우울, 강박 같은 흔한 심리적 문제들이 그렇듯, 자존감 결핍도 정상적인 심리 상태가 과장된 형태라고 보면 된다. 가령 한 사람이 우울증을 앓고 있을 때, 그의 마음 상태는 조금 강한 비관주의에서 시작해 모든 것을 무의미하게 여기는 것까지 확장된다. 우울한 사람은 그 무엇에도 의욕이 없고 도무지 자신을 추스르지 못한다. 세상은 암흑천지고 그냥 이런 가혹한 삶에 종지부를 찍을까 싶기도 하다. 이 생각이 완전히 틀린 것은 아니다. 사실 누구나 인생의 의미를 궁금해한다. 어떤 강력한 신앙에 결속되어 있지 않은 한, 만족할 만한 답을 얻기란 쉽지 않다. 비관주의 또한 주변에서 쉽게 보는 삶의 태도다. 인생이란 수많은 위험과 예측 불가능성을 포함한다. 이따금 공허해지고, 비탄에 젖고, 아무것도 하기 싫은 기분 역시 평범한 감정이다. 우울증이란 단지 사람들이 보편적으로 갖는 이런 생각과 느낌이 과장된 상태일 뿐이다.

　우울증에 빠진 사람은 부정적인 것은 무엇이든 극도로 확대해서 인지하고, 긍정적인 것은 축소해서 인지하거나 아예 인지하지 않으려는 감정 상태에 빠진다. 자존감 부족 역시 자신의 약점과 타인의 강점을 자기 식대로 확대해서 인지하고, 자신의 강점과 남의 약점은 축소해서 인지하는 어떤 과장된 감정 상태라고 보면 된다. 물론 자존감 결핍을 겪는 사람이 자신을 과대평가하고 타인을 과소평가하는 일도 있다. 이에 대해서는 나중에 좀 더 자세히 살펴보기로 하자.

아무도 모르는
약점을 끄집어내는 이유

자존감이 높은 사람과 자존감이 낮은 사람은 무엇이 다른가? 이 질문의 답은 놀랄 만큼 단순하다. 자존감이 높은 사람은 자기 약점을 포함하여 있는 그대로의 자신을 수용한다. 반대로 자신에 대한 불안, 즉 '자기불안anxiety about self'으로 인해 자존감이 낮은 사람은 첫째, 자신의 약점을 받아들이지 못하고, 둘째, 그 약점을 너무 중대하게 취급하며, 셋째, 자신 말고는 아무도 알아차리지 못하는 약점을 자꾸 끄집어낸다. 자기불안이 있는 사람은 자신에게 없거나 잘못된 것에만 집중한다. 그래서 자신의 지금 모습과 되고 싶은 모습 사이에 있는 간극만 끊임없이 눈에 들어온다. 이것을 가리켜 심리학에서는 '현실 자아와 이상 자아 간의 격차'라고 부른다.

우리가 사실이든 착각이든 자신의 약점에 유독 집중하는 이유는 대체 무엇일까. 말로는 설명하기 모호한 기본적인 정서, 우리의 그림자, 그리고 다른 여러 심리적 요소를 포함하는 근본적인 감정 때문이다. 그것은 환영받지 못했다는 원초적 감정이며, 내가 사랑받고 받아들여질까 의심하는 뿌리 깊은 불안이다. 이럴 때 우리는 자신이 지각한 것이 의심스럽고 자신의 판단을 신뢰할 수 없다. 남들이 나를 나쁘게 볼 거라는 막연한 예측, 공격을 받으면 스스로를 지킬 수 없을 거라는 강력한 의구심에 빠진다.

단순히 상황에 따라 일시적으로 자존감에 상처를 입을 수는 있다. 그러나 이따금이 아니라 일상적으로 뿌리 깊은 자존감 결핍 증상을 느끼며 산다면 그 사람의 인생 전체는 그 영향에서 벗어나지 못한다. 심지어 나는 모든 심리적 문제들이 결국은 자존감 결핍에서 온다고 본다. 하지만 마음에 불안이 있어도 아무런 심리적 장애를 겪지 않고 사는 사람이 훨씬 많으며, 지독한 불안에 휩싸인 사람이라도 의심할 여지 없이 확실한 몇 가지 능력 정도는 있다.

예컨대 내가 만난 크라우제 씨는 성인과의 대인 관계에서는 불안해하고 억압을 느끼지만, 자녀와의 사이에서는 자신이 좋은 아버지라는 확신이 있다. 그래서 아이들과 있으면 여유롭고 자신감이 넘친다. 말러 씨의 경우도 비슷하다. 항상 침울하고 기죽어 있기 일쑤인 그녀지만, 일에서만큼은 자신이 가치 있는 사람이며 존중받는다는 걸 안다. 즉 자존감이 낮은 사람에게도 자신이 능력 있고 성공한 사람이라고 느끼는 상황이 있다. 그럴 때 사람들이 느끼는 확신과 불안은 그 상황의 사회적 맥락에 따라 달라진다. 마찬가지로 자존감이 튼튼한 사람도 자기의심에 빠져드는 상황을 이따금 경험할 수 있다.

자존감 결핍은 무엇을 불러오는가

나는 어떤 문제를 해결하려면 그 문제를 최대한 다양한 각도에서 검토하고 되도록 작은 요소로 쪼개어 접근해야 한다고 믿는다. 그래서 다음 장에서는 우선 자존감 결핍에서 파생되는 문제들을 하나씩 들여다보려고 한다. 그 뒤 이 요소들을 다시 튼튼한 자존감이라는 갑옷으로 새로 끼워 맞출 보조도구를 다양하게 제시할 것이다.

그럼 일단 우리가 해결해야 할 문제부터 살펴보자. 자존감이 낮아서 생기는 문제에는 대개 두 가지 특징이 있다. 첫째, 자존감 결핍은 당사자에게 고통스러운 감정과 경험의 원인이 되는 동시에, 이로써 문제를 더욱 키우는 태도를 유발하면서 악순환을 일으킨다. 더구나 자존감이 부족하면 용케 견디고 참는다 해도 삶 자체가 힘들고 낙이 별로 없다. 나의 관심사는 독자들이 자신을 추슬러 삶의 중심을 잡아나가는 걸 돕는 일이므로, 이에 대해서는 앞으로 더 자세히 다룰 것이다.

두 번째 문제 역시 상당히 중요하다. 자존감 결핍에 시달리는 사람들 중 다수가 이런 불안에 대처하려고 자신은 물론이고 주변 사람들에게도 별로 이롭지 않은 방식으로 문제를 해결하려고 시도한다. 말하자면 자존감 결핍이 사회적 관계에 부정적인 영향을 미치는 것이다. 자기신뢰가 부족한 사람들은 보통 스스로를 피해자로 자처하지만 다른 식으로 가해자가 되기도 한다. 자신의 삶을 어떻게든 바

뛰어보고 싶은 마음이 있다면 이 사실을 외면하지 말아야 한다. 용기를 내어 주위를 둘러보자. 당신이 가진 상처에만 몰두하지 말고, 악의는 아니었지만 자기보호를 하는 와중에 주변 사람들에게 어떤 영향을 주었는지도 주의를 기울일 필요가 있다.

자존감이 낮아서 생긴 문제가 밖으로 향했을 때 벌어지는 결과를 직면하다 보면 당장은 아프고 힘들다. 하지만 장기적으로 이 작업은 건강한 자존감을 키우는 데 무척 도움이 된다.

이 책에서 내가 가장 하고 싶은 말이 있다. 우리가 인생에서 만나는 모든 사람에게 사랑받는 것보다 진솔하게 말하고 행동하는 것이 중요하다는 사실이다. 그러므로 이따금 당신에게 내가 불편한 진실을 입에 올리며 짐짓 엄격하게 구는 순간이 오면 그땐 이렇게 생각해줬으면 한다. 진솔한 말과 행동이 무엇인지 또 하나의 예를 발견했군, 하고 말이다. 각설하고, 이제 자존감 결핍이 드러내는 여러 '증상'을 하나씩 소개해보기로 하자.

톡하면 상처받는
사람의 심리

자기불안이 있는 사람이 제일 힘들어하는 게 바로 톡하면 상처받는 성향이다. 대부분 제대로 마주해보지 못한 어린 시절의 큰 상처가 원인이다. 수십 년 전 받은 상처가 아물지 않고 마음속에서 욱신거리다가 어느 순간 불안의 형태로 드러나는 것이다. 이 불안 때문에 사람들이 나를 좋아하기는 하는지, 내가 그들에게 반가운 존재인지 쉴 새 없이 묻고 또 묻는다. 세상 그 누구라도 자신을 좋아하는 사람이 아무도 없다는 생각은 견디기 어렵다. 사람은 누구나 집단과 일족에서 배제당할지도 모른다는 원초적인 두려움이 있다. 머리로 이 두려움이 지나치다는 것을 알아도 별 소용이 없다. 이 불안은 맥락도 없고 어떤 원리가 있는 것도 아니며 당사자 대부분은 그것의 크기와 깊이도 의식하지 못한다. 게다가 자신이 무방비 상태라는 주관적 판단으로 인해 자신이 죽어 없어질지도 모른다는 막연한 두려움까지 따라온다. 이런 불안을 지닌 이들은 자신이 삶을 제대로 살아갈 수 없으며 혼자 힘으로 생존할 수 없을 거라는 감정에 늘 시달린다.

항상 거부당할 거라는 생각

자기확신이 있는 사람조차 대부분 살면서 한두 번은 상당히 묵직한 타격을 입는다. 이런 타격에는 누구나 크게 휘청거린다. 갑자기 말 그대로 다리가 후들거리고, 자기 자신과 세상 전체에 대한 믿음이 근본적으로 흔들리기도 한다. 물론 아무리 자존감이 낮다 하더라도 이 감정이 한시도 쉬지 않고 지속되는 건 아니다. 문제는 불안하고 휘청거리는 이 감정이 너무 간단하게 급격히 자기불안을 가진 이들의 마음을 장악한다는 점이다. 그래서 쉽게 상처도 받는다. 항상 거부당할 거라는 전제를 갖고 남을 대하기 때문에, 걸핏하면 무시당했다고 느낀다.

이들은 악의 없는 농담이나 단순한 발언도 쉽게 확대해석하고 개인적인 모욕으로 받아들인다. 타인이 하는 별것 아닌 말과 행동, 심지어 좋은 뜻으로 해석할 만한 태도에도 금세 발끈하거나 자신을 겨냥한 내용이라 판단해버리는 경향이 있다. 심지어 그런 반응이 조건반사처럼 몸에 배어 있기도 하다. 이들은 주변 사람들이 자신을 좋게 평가할 거라고, 하다못해 중립적으로 평가할 거라고는 상상하지 못한다.

물론 오해로 인한 상처가 아닌 진짜 비판과 모욕도 어쩔 수 없는 생활의 일부다. 안타깝게도 불안이 있는 사람들에게는 이런 비판과 모욕이 상처에 뿌려진 소금처럼 무척 고통스럽게 느껴진다. 즉각 자기방어도 하지 못할 뿐더러, 적당히 받아칠 말도 떠오르지 않아 입 한번 뻥긋 못하는 일이 부지기수다. 그렇게 생긴 상처는 특히 더 오래가고 아예 영원히 아물지 않기도 한다. 이런 조건에서 사는 건 무척이나 고달프기에 자존감이 낮은 이들은 어떻게든 공격받지 않으려 끊임없이 긴장하고 경계한다. 그러다 지나치게 많은 에너지를 소모하고, 공격을 완벽하게 방지하겠다는 불가능한 목표를 좇느라 계속해서 실패를 되풀이한다.

실수할까 봐 두렵고, 틀린 결정을 할까 봐 불안해

자존감이 낮은 사람은 주로 방어하면서 살아간다. 실수하지 않으려고 애쓰고, 나쁜 쪽으로 남의 이목을 끌지 않겠다는 일념이 강하다. 그와 달리 자존감이 높은 사람은 자기가 원하는 목표를 이루려고 노력한다. 약점보다 할 수 있는 것에 집중하고 실패를 별로 무서워하지 않는다. 자존감이 낮은 이는 좌절하거나 창피당하지 않겠다는 목적으로 행동하지만, 자존감이 높은 이는 성공을 내다보고 움직인다. 그래서 애초부터 실패에 대한 두려움이 상대적으로 적다. 실패하면 잠시 의기소침하고 기분이 가라앉기는 하겠지만 자기불안을 가진 사람처럼 깊이 타격을 받고 괴로워하지는 않는다. 자존감이 강한 사람은 실패에 장기적인 상처를 입지 않는다. 물론 작은 상처를 주기는 하겠지만 시간이 얼마간 흐르면 다시 낫는다. 자신이 그 타격을 이겨내고 거기서 배우는 것도 있을 거라는 사실을 믿기 때문이다. 자신이 오래도록 앓아온 상처가 덧나지 않을까 전전긍긍하며 살지 않기 때문에 실패의 경험이 도리어 더 큰 자유와 용기를 키우기도 한다.

실패의 동생이라 부를 만한 것이 있다면 바로 비판이다. 불안한 사람을 더 불안하게 만들려면 굳이 실패까지 갈 필요도 없다. 비판적인 발언 한마디면 충분하다. 정당한 충고든 억울한 비난이든 상관없다. 불안한 기질을 가진 이는 실패를 회피하기도 하지만, 단 한마디라도 비판을 듣지 않으려고 갖은 애를 쓴다. 그 어떤 비판이나 충고도 개인적인 모욕, 즉 상처 위에 뿌리는 소금이기 때문이다.

어떤 실수도 하지 않으려는 노력은 버림받고 싶지 않은 원초적인 불안에서 출발한다. 자기불안이 있는 사람은 무의식적으로 하나의 실패를 사람 전체의 실패로 환치한다. 한 가지 일, 한 가지 분야만 잘 안 된 것이 아니라 자신이라는 '사람'이 망한 거라고 믿는다. 하지만 스스로를 믿는 사람이라면 어떤 일에서의 실패를 곧바로 자기 인격의 실패로 받아들이지 않는다.

실수하지 않으려는 불안과 촘촘히 붙어 있는 또 다른 종류의 불안은 틀린 결정을 할지도 모른다는 두려움이다. 그래서 자기불안이 있는 사람은 아예 결정 자체를 잘 내리지 못한다. 이해득실, 위험 요소와 가능성을 머리에 쥐가 날 정도로 따지고 계산하느라 앞으로도 뒤로도 못 움직인다. 자신이 내린 판단을 도무지 신뢰하지 못하는 탓도 있다. 자기가 내린 결론이 맞는지, 앞으로 다가올 결과를 올바로 예측하긴 했는지 자신이 없다. 이렇듯 실수, 비판, 실패에 대한 불안은 판단력에 전방위적으로 제동을 건다. 특히 불안한 사람의 결정을 가로막는 가장 큰 난관은 자신이 진짜 원하는 것이 무엇인지 모른다는 사실이다.

///
완벽하고 또 완벽해야 한다는 강박

자존감이 부족한 사람이 어떻게든 공격을 피하고 싶어서 선택하는 또 다른 수단은 완벽주의다. 완벽주의는 '완전무결'의 다른 표현이다. 완벽주의자는 하나도 빠짐없이 실수 없이 해냈는지에 집착한다. 앞서 언급했듯 불안을 가진 사람은 실수하면 공격당할 것이라는 모호한 불안에 사로잡혀 산다. 고로 무언가 완벽하게 실행한다는 건 안전을 뜻한다. 다만 문제는 무엇이 어떻게 되어야 완전무결해지는가이다. 아니, 애초에 완전무결이라는 것이 있기나 하고, 완벽해지는 게 가능하기나 한 걸까?

완벽주의라는 해법은 처음부터 실패를 내포한다. 한술 더 떠 불안을 안고 사는 사람은 한 가지로만 만족하지 않고 하나부터 열까지 죄다 완벽해지고 싶어 한다. 일에서도 완벽, 엄마로서도 완벽, 외모에서도 완벽, 살림에서도 완벽, 아내로서도 완벽, 완벽, 완벽…… 이들은 끝이 안 보일 만큼 아득하게 높은 기준을 세우고 그걸 좇느라 항상 긴장해 있다. 완벽이란 환상일 뿐, 이들은 번번이 그 이상에 도달하지 못하고 실패를 맛본다. 더구나 완벽을 추구하는 사람은 평가 기준도 매우 편협하다. 이들에게 완벽하지 않음은 곧 매우 부족한 상태를 가리킨다. 중간이 없는 것이다. 이들은 우리가 흔히 아는 단계적인 평가 기준을 남에게는 적용할지라도, 자신에게는 아예 적용시키지 않는다.

왜 항상 뭔가
손해 보는 느낌일까

자존감이 낮은 사람은 스스로의 능력을 지독히도 못 믿는다. 주로 문제 중심으로 상황을 인지하기 때문이다. 자신이 잘하는 것보다 못 하는 것, 서투른 것에만 주의를 집중하는 것이다. 실수할까 봐 두려 운 마음, 완벽해야 한다는 강박이 그들로 하여금 결함은 너무 크게, 능력은 너무 작게 평가하도록 만든다.

자기 능력을 좀처럼 못 믿다 보니 무언가를 배울 때나 일할 때 마 음속 불안이 자꾸 걸림돌로 작용하며, 운이 나쁘면 심인성 질환을 앓기도 한다. 자기불안을 가진 사람은 자신이 버거워하는 요구를 회 피하는 수단으로 이런 질병을 이용하기도 한다. 어떤 이는 고질적인 자기회의에 빠져 성장할 기회가 다가와도 지레 포기한다. 주어진 과 제를 해결해보지 않고 그냥 도망치거나 중도에 포기한다든지, 미래 의 가능성을 타진해보지 않고 방기하기도 한다. 불안을 무릅쓰고 과 제를 맞닥뜨려 헤쳐 나가는 대신, 익숙한 일상에 안주하는 게 더 편하기 때문이다.

바로 그런 불안에 떠밀려 오히려 광적으로 일에 매달리는 사람도 있다. 이들은 의욕이 넘쳐흐르며 어떤 목표든 달성해낼 것 같고 모든 실패를 비껴가려는 듯 열심히 일한다. 하지만 아무리 성공이 거듭되어도 행복해지지는 않는다. 나에게 상담을 받던 한 남성은 이렇게 고백했다. "나는 일에서 꽤나 성공했어요. 그런데도 항상 불안해요. 더 이상은 이렇게 못 살겠어요. 이 거지 같은 불안 때문이 아니라 다른 원동력으로 일하고 싶어요."

자신을 의심하는 성향과 쉽게 상처받는 성향은 사실 서로 깊이 관련되어 있다. 누군가 특히 상심하는 지점이 있다면, 그것은 그 사람이 스스로를 유독 못 미더워하는 부분이기 때문이라고 유추할 수 있다. 남의 비판이 듣기 싫은 이유는 그러지 않아도 스스로 자신 없고 싫어했던 어떤 부분, 즉 아물지 않은 상처를 하필 건드리기 때문이다.

예를 들어 자기가 정말 운전 솜씨가 뛰어나다고 자부하는 사람은 옆에서 운전을 왜 그렇게 하냐고 핀잔을 주어도 별로 개의치 않는다. 도리어 핀잔주는 사람이 운전에 대해서 뭘 모른다고 생각하고 말 것이다. 마찬가지로 당사자가 특별히 연연하지도 않고 잘한다는 소리를 듣건 말건 상관없다고 여기는 점을 누군가 아무리 힐난한다 해도 본인은 그다지 괴롭지 않다. 마음의 상처는 원칙적으로 우리가 스스로를 바라보는 관점에 따라 생기기도 하고 생기지 않기도 하는 것이다.

이중적인 마음속 잣대

자존감이 약한 사람은 늘 자기 인격 자체가 거부당할지도 모른다는 불안을 안고 산다. 스스로를 있는 그대로 받아들이지 못하며 자신이 저지르는 실수 하나하나가 한심한 존재라는 인증처럼 여겨져 괴롭다. 우리는 그 누구보다 스스로에게 가장 든든한 친구가 되어주어야 하는데, 자기불안이 있는 사람은 오히려 자신을 가장 싫어하고 못 견뎌한다. 스스로를 바라보는 태도 역시 이중적이다. 별 문제 없고 심지어 훌륭하다고 평가하는 면도 없지 않지만, 어떤 성향은 야멸차게 타박한다. 스스로에 대한 이런 이중적인 태도 때문에 자기불안이 있는 사람은 남들도 자신을 있는 그대로 수용해줄 리 없다고 생각한다. '나도 나를 인정하지 않는데 누가 해줄 수 있겠어? 그런 일은 불가능해.'

그러나 마음속 깊은 곳에서는 누군가 자신을 있는 그대로 받아들여주길 바란다. 스스로를 수용하지 못하기 때문에 다른 이들에 비해 오히려 그 바람이 더 크고 강하다. 그래서 사람들의 호감을 얻을 목적으로 자신의 약점은 숨기고 되도록 실수하지 않으려고 애쓴다. 궁극적으로 자존감이 약한 이들의 최종 목적은 본인이 의식하든 못하든 자신을 용인하는 것, 말하자면 자신이 가치 있는 사람이라고 스스로에게 입증하는 것이다. 하지만 자신을 받아들이지 못하면서 그런 자신과 좋은 관계를 유지하기란 애초에 불가능한 일이 아닐까?

그들은 타인이 자신을 좋아해주지 않거나, 타인에게 비판을 듣고 인정받지 못하는 경험을 하면 곧바로 충격을 받고 흔들린다. 타인의 크고 작은 거부 의사를 받아낼 만한 완충제로서의 자기애가 아직 마련되지 않았기 때문이다.

자기불안이 있는 사람은 흔히 명목상의 평화에 집착한다. 그렇게 갈등을 회피하면서 자신의 견해를 거의 드러내지 않는다. 이는 대부분 어릴 때부터 몸에 밴 습관이다. 남의 비위를 맞추거나, 적어도 남들 눈에 띄지 않기 위해서 자발적으로 주변의 기대에 부응하는 습관이 든 것이다. 그러다 보니 자신의 욕구를 강하게 부각하기보다 상대방의 바람에 적당히 맞추는 게 더 내적 갈등이 적고 수월하다고 느낀다. 남의 욕구에 맞춰주려면 내 욕구를 느끼지 않는 편이 더 쉽기 때문이다.

초콜릿 아이스크림을 포기하려면 아예 처음부터 그것을 원하지 않는 편이 낫다. 남들 얘기에 덮어놓고 좋다고 수긍하려면 내적 갈등을 최소화하고 내 욕구를 차단해야 한다. 그래야 주변 사람들과 있을지도 모르는 갈등을 미연에 방지할 수 있다. 평생 자기 욕구를 억누르는 연습을 반복하면 나중에 정작 자신의 욕구를 찾으려고 해도 잘 떠올리지 못한다. 그래서 어떤 결정을 내릴 때도 본인이 뭘 원하는지 몰라 어려워한다.

사실 하고 싶은 말은 "싫어"이지만, 덮어놓고 "네"라고 말한다. 자기불안을 가진 사람의 목은 좌우로 움직일 줄 모르는 듯, 좀처럼 "싫다"라고 말하질 못한다. 자신이 거절을 못한다는 사실에 스스로 넌덜머리가 나기도 한다. 아무리 자신이 뭘 원하는지 잘 모른다 해도, 보통 뭐가 싫은지는 인지하기 때문이다. 속으로는 싫다고 말하고 싶거나 아직 긴가민가 하면서도 항상 좋은 사이를 유지해야 한다는 강박, 갈등을 두려워하는 성향 때문에 부탁을 거절하지 못한다. 이런 사람은 거절을 못하는 성향 탓에 일상적으로 압박감에 시달린다. 자신이 진심으로 원하지 않는 상황에 '어쩔 수 없이' 놓이거나, 아무 일이나 받아들이다 보니 과부하에 걸리기도 쉽다.

그런 방식으로 세상 모든 사람을 매번 만족시키려 하면 온갖 책임과 과잉 친절을 수행하느라 자신을 무차별하게 소모할 수밖에 없다. 거절하지 못하고 수시로 남에게 끌려 다니는 사이에 뭔가 손해 보는 느낌이 항상 마음 한구석에 깔려 있다. 결국 자기불안에 시달리는 사람들 중 대다수가 늘상 피로를 느끼며 몸은 물론이고 심리적인 질병에 쉽게 노출된다.

쉽게 욱하는 사람들의 경우

앞서 이야기했던 것처럼 자신이 당면한 문제들을 해결하기 위해 만인의 연인이 되는 사람이 있는가 하면, 정반대의 전략을 선택하는 사람도 있다. 최선의 방어를 위해 차라리 먼저 공격하기를 택하는 것이다. 이들은 평화 지향적인 성향의 사람보다 대인관계 면에서 무뚝뚝하고 거칠다. 그래서 위험이 감지되면 와락 덤벼드는 공격성이 두드러진다. 소위 까칠하고 버럭버럭하는 사람이 여기에 속한다. 평화 지향적인 사람이 되도록 아무와도 충돌하지 않고 모든 이에게 친절하고 애교 있게 대하려는 것과 달리, 욱하는 사람은 언제든 부딪히고 싸울 각오가 되어 있다. 이들은 사소한 일조차 공격 신호로 알아차리기 때문에 하찮은 일에도 침소봉대하여 분통을 터뜨린다. 심한 경우에는 언어폭력이나 물리력을 행사해서 자신의 방어 욕구를 해결하기도 한다.

이렇게 공격성이 강한 사람도 속으로는 자신이 남들의 기대에 지나치게 부응하려 들고 되도록 많은 사람들의 비위를 맞추고 싶어 한다고 느낀다. 즉, 이들도 주관적으로는 조화로움에 대한 강박을 보이는 사람과 비슷하게 주변의 요구와 기대 때문에 답답해한다. 다른 이의 부탁을 거절할 때에도 심하게 동요한다. 그래도 자신의 개인적인 경계선을 지키는 쪽으로 단호하게 선택했기 때문에 어렵지만 싫다는 표현을 한다. 다만 거절 방식이 필요 이상으로 거칠다. 자기불안을 가진 이가 평화 지향 혹은 공격 지향으로 갈라지는 기준은 어린 시절 성장 환경도 있지만 타고난 기질이기도 하다. 쉽게 욱하는 사람들은 대개 충동적인 성향을 안고 태어난다. 하지만 그 충동 때문에 제일 힘든 건 정작 본인이다. 자기가 원래 의도했던 것보다 지나치게 반응했다는 걸 스스로도 잘 알기 때문이다. 그런데도 이 성질을 죽이기가 여간 어려운 것이 아니다.

방어와 공격이 익숙한 이런 유형은 모든 타인과 잘 지내는 게 중요하지 않다. 남들에게 외면당하는 것이 불안해, 오히려 자신이 먼저 남들을 외면한다. 소위 선제공격이 더 낫다고 판단하기 때문이다. 이런 유형은 종종 이런 식으로 말하곤 한다. 자신은 어차피 사람들에게 별로 관심도 없고, 일터에 가든 파티를 가든 운동을 하러 가든 '사방이 다 멍청이'라서 아무하고도 어울릴 마음이 안 난다고 말이다. 이들이 택한 노선은 이른바 이솝 우화에 나오는 여우가 택한 '신 포도의 법칙'이다. 이들은 '저 포도는 시어서 맛도 없고 먹을 가치가 없다'고 자신에게 타이른다. 어차피 세상 사람들은 내가 굳이 마음속 불안을 이겨내고 관계를 맺으려 노력할 만큼 가치가 없다고 믿는다. 이들은 타인을 깎아내리면서 자신의 빈약한 자존감을 추스른다. 조화를 지향하는 이들이 자신은 깎아내리고 남들은 과대평가하는 경향이 있는 것과 대비되는 전략이다.

이처럼 공격성으로 자기불안을 해소하려는 이들은 주변에 딱히 자존감이 낮은 사람이라는 인상을 주지 않는다. 쉽게 버럭 화를 내는 성향 때문에 도리어 자기확신이 강해 보이기까지 한다. 더구나 이들 중 일부는 이 자기보호 전략이 하도 몸에 배, 실은 자존감이 튼튼하지 못해서 이런 현상이 나타난다는 것을 스스로도 잘 깨닫지 못한다.

특이한 것은 자기불안을 가진 사람들이 앞서 살펴본 두 가지 전략을 다 쓴다는 사실이다. 상황 혹은 그날 상태에 따라 어떤 때는 공격적으로 굴지만 어떤 때는 소심하고 (적어도 겉으로는) 친화적인 태도를 보인다. 마찬가지로 상황과 기분에 따라 남들에게 우월감을 느끼기도, 열등감을 느끼기도 한다. 그에 비해 자신감이 충분한 사람들은 상황에 크게 상관없이 타인과 자신을 동등하게 인식한다. '우월하다/ 열등하다'라는 개념 자체가 이들의 사고 체계에서는 그다지 큰 비중을 차지하지 않는다.

비관주의를
선택하는 과정

자존감이 약한 사람의 근본적인 문제가 하나 있다. 바깥 세계든 마음속에서 일어나는 일이든 자신이 영향력을 별로 행사할 수 없을 거라고 믿는다는 점이다. 이것을 가리켜 심리학에서는 '내적 통제 신념이 낮다'고 말한다. 자기불안이 있는 이들은 관철 능력이 약해서 말이나 행동으로 상대에게 딱히 영향을 줄 수 없다고 믿는다. 되도록 불화를 피하려고 하는 성향도 이 때문이다.

이들은 자신의 요구를 밀어붙이고 싶은 순간에도 '어차피 소용없다'는 생각 때문에 실현 가능성을 확 낮춘다. 어차피 자신이 결과를 좌우할 수 없을 거라고 단정하기 때문이다. 내적 통제신념이 낮은 탓에 이들은 종종 삶을 능동적으로 구성한다기보다 억지로 끌려다니는 느낌을 받는다. 그도 그럴 것이, 직접 목표를 정하고 장애를 극복하기보다 우연을 기다리는 편이 더 익숙하기 때문이다. 자신의 능력이나 노력이 상황을 바꾸는 요인이 될 수 없다고 전제하는 탓에,

실제로 영향력을 크게 미칠 수 있는 기회도 그냥 흘려보낸다. 같은 이유에서 이들이 속마음을 잘 이야기하지 않는 것도 심각한 문제 중 하나다.

반대로 욱하는 사람처럼 상대방에게 동조하기보다 일단 반대부터 하고 보기도 한다. 자기불안이 있는 이들은 자신의 능력을 신뢰하지 않기 때문에 경력을 쌓을 기회를 일부러 피해 가기도 하지만, 완벽주의로 자기회의감을 무마하려고 목숨 걸고 일하기도 한다. 그런데 일이 잘되어도 손상된 자존감은 쉬이 낫지 않는다. 심리학 연구 결과로도 입증된 바 있듯이, 내적 통제신념이 약한 사람은 아무리 성공을 해도 외적 요인에서 원인을 찾기 때문이다. 그저 운이 좋았다거나 일이 굉장히 쉬웠다는 핑계를 대며 자신이 실제로 수행한 노력과 능력은 굳이 축소해석한다. 이럴 때 반대로 자신감 있는 사람은 본인의 능력에 성공 원인을 돌리고 스스로를 칭찬한다.

///

내가 할 수 있는 일이 별로 없다는 믿음

자기확신이 있는 사람과 자기불안을 가진 사람이 스스로의 성공을 다르게 평가하는 원인은 무엇일까? 사람은 누구나 자아상을 되도록 튼튼히 하고 싶어 한다. 그런데 자기불안이 있는 사람은 왜 그토록 부정적인 자아상에 집착하는 걸까? 답은 간단하다. 정말 그렇게 믿기 때문이다. 이들은 자신을 신뢰하지 않는다. 이들이 선택한 비관주의는 혼자 신나서 설치다가 순식간에 나락으로 추락하지 않게 하는 안전장치 기능을 한다. 갑작스레 현실을 깨닫고 절망하느니 차라리 자신을 억누름으로써 안전한 땅바닥에 머무는 게 훨씬 낫다고 본다. 이런 탓에 그들은 언제나 바닥에 납작 엎드려 위를 쳐다보지 않기로 마음먹은 것이다.

성공을 받아들이는 방식뿐 아니라 실패를 바라보는 관점 역시 자존감이 있는 사람과 자존감이 약한 사람의 차이가 여실히 드러난다. 심리학 연구에 따르면, 자존감이 튼튼한 사람은 실패를 겪으면 오히려 자신의 강점을 의식하고 보완하는 경향이 있다. 어떤 잘못을 해서 이렇게 됐는가만 떠올리는 게 아니라 자기만의 특기와 장점에 관심을 집중한다. 반면 자기불안이 있는 사람은 자기가 저지른 잘못과 취약점에 대해서만 파고든다. 말하자면 실패에서 오는 부정적인 감정에 훨씬 많은 에너지를 부여하는 것이다.

내적 통제신념이 약한 이들은 자신의 말과 행동이 미치는 영향력을 믿지 못하는 뿌리 깊은 불신 때문에 자주 무력감에 휩싸인다. 무력감은 자기불안이 있는 이들의 심리 밑바닥에 깔린 기본 정서가 되며, 이는 곧 우울증의 초기 증상이기도 하다.

조건반사처럼 일어나는 죄책감

자신의 가치를 적잖이 의심하는 상태가 되면 자기주장과 관철 능력이 약해지는 것은 물론, 자신에게 그럴 권리가 있는지조차 근본적으로 의심하게 된다. 그래서 자기불안이 있는 이들은 자신의 욕구와 바람이 원칙적으로 정당한 것인지를 끊임없이 문제시하며 동요한다. 이렇듯 '권리 불안'이 생기면 당사자들은 자기주장의 의욕 내지는 순간적인 대응 능력(임기응변)에 제한을 받는다. 자신에게 뭔가 문제가 있다는 생각을 습관처럼 하고 살다 보니, 타인에게 허점을 노출하고 공격할 여지를 일부러 제공하게 된다.

특히 평화를 지향하면서 자기불안을 가진 이들은 황당하리만치 많은 모욕을 허용하며 산다. 무엇보다 상호간의 존중이 가장 빨리 휘발되는 배우자나 연인 관계에서 그런 일을 자주 겪게 된다. 이들은 함부로 행동하는 사람과 사랑에 빠지면 곧잘 상대에게 모욕을 당하거나 멸시를 겪는다. 상대방에게 경고하고 선을 그을 만큼 정서 기반이 탄탄하지 않고 자기확신도 없기 때문이다.

이들의 불안은 이럴 때 크게 두 가지로 표출된다. 한편으로는 자신의 인격을 과소평가하고, 있지도 않은 약점을 너무 크게 인지한다. 그러다 보니 자신의 권리를 확신하지도 못하고, 자기방어가 필요하다는 생각에도 이르지 못한다. 더구나 배우자나 연인을 잃을지도 모른다는 불안도 존재한다. 상대방을 잃는다는 건 곧 자신이 얼마나 결함 많은 인간인지 입증하는 셈이다. 혼자 산다는 건 이들에게 감히 엄두도 못 낼 일이기도 하고, '시장 가치'도 없는 자기 같은 인간은 결코 새 연인을 만나지 못할 거라는 불안감마저 엄습한다. 상대방이 없으면 못 산다는 두려움 때문에 파트너에 대한 의존성이 강하다. 그와 반대로 연인에게 너무 의존하게 될까 봐 애초부터 상대방과의 관계에 진심을 다하지 않는 사람들도 있다. 친밀한 관계와 애착에 대한 두려움 역시 자존감 결핍의 한 결과일 수 있다.

죄책감이라는 감정은 참으로 강력해서 그것을 느끼는 순간 스스로가 볼품없는 사람이며 가치가 떨어진다는 생각을 갖게 된다. 자기불안이 있는 사람은 이 죄책감을 필요 이상으로 확대해서 느낀다. 객관적으로 책임질 일을 하지 않았는데도 죄책감으로 괴로워하는 경우도 많다. 타인의 태도마저 자신이 책임지려는 일도 벌어진다. 배우자가 기분이 안 좋으면 자신이 혹시 뭘 잘못한 거 아닐까 전전긍긍하고, 거래처나 직장 동료가 트집을 잡으면 그 트집이 정말 정당한지 떠올려보기 전에 겁부터 집어먹는다.

자기불안이 있는 이들에게 죄책감은 말하자면 조건반사와 같다. 이것은 그들의 부모 혹은 양육자들이 죄책감을 주된 매개로 삼고 양육했기 때문에 생긴 결과다. 이렇게 성장한 아이들은 부모의 심리적 안녕이 자신의 태도에 달려 있다고 학습한다. 자신의 시험 성적이 형편없어서 어머니가 우울한 것이고, 자기가 거짓말을 해서 아버지가 실망하고 화가 났다고 믿는다. 뒤에서 자존감 결핍이 생기는 원인을 알아볼 때 더 자세히 다루겠지만, 간단히 요약하자면 자신에게 모든 책임이 있다고 믿는 이 태도는 어린 시절의 경험에서 파생한 것이 대부분이다.

체념하는
습관에 빠지다

　자신이 쓸모없는 사람이고, 주어진 권리도 적고, 할 수 있는 게 별로 없다는 느낌이 들면 이따금 혹은 항상 체념하는 것에 익숙해진다. 자존감 결여와 우울감은 서로 밀접하게 관련이 있다. 자존감 부족은 평소 기본 정서에서도 잘 드러난다. 자존감이 낮은 이들은 쉽게 침울해지고 틈만 나면 사는 낙이 없다고 푸념한다. 실제로 스스로를 사랑하지 않으며, 동시에 언제 어디선가 있을지도 모를 공격에 대비해 잔뜩 긴장하고 사는 데에는 막대한 에너지가 소모된다. 에너지는 에너지대로 허비하는데 사는 기쁨도 옅다 보니 병에 잘 걸리고 이곳저곳 쑤시고 아프다. 이렇듯 일상을 유지하는 것만 해도 많은 노력이 들기 때문에 몸이든 마음이든 추가적인 부담을 견뎌낼 힘이 별로 없다. 그래서 자존감이 강한 부류보다 쉽게 포기하고 단념하는 비율이 높으며, 실패나 실망을 여러 차례 겪을수록 이 성향이 점점 강해진다.

남의 삶을 사는 낯선 느낌

체념하는 습관에 익숙해지면 '인생을 잘못 사는' 듯한 느낌이 종종 찾아온다. 자기불안을 안고 사는 사람은 주로 방어하느라 급급하고 목표를 설정하는 일이 드문 탓에 자기 결정의 경로에서 쉽게 벗어난다. 이들의 인생행로는 곧잘 우연과 수동적인 선택으로 이루어진다. 마침 눈에 띄었거나 안전하다는 이유로 선택했을 뿐, 자신이 진정 좋아하는 것인지 확신하지 못한다. 직업조차 부모님이 시켜서 고른 경우가 태반이다. 내가 상담한 사람들 가운데 다수가 원래는 다른 일을 하고 싶었지만 부모의 뜻을 거역할 수 없어서 지금 직업을 택했다고 고백했다.

이렇듯 목표를 이루기 위해 노력하려는 태도가 약한 것은, 혹시 자신이 과오를 저지를까 봐 두려운 마음에서 비롯된다. 한 남성은 진심으로 음악공부를 하고 싶었지만 부모가 반대하며 금융업에 종사하라고 강권하는 바람에 꿈을 포기했다. 그는 솔직히 자신이 음악에 재능이 있는지 불확실했기 때문에 부모의 뜻을 거스르고 자기 생각을 밀어붙이지 못했다. 상담 중에 그는 답답한듯 한마디를 내뱉었다. "그래서 나는 지금 무척 안전하지만 잘못된 길에 서 있는 거죠."

물론 이들이 단지 자신의 능력을 의심하였기 때문에 원하는 길에서 벗어나는 것은 아니다. 자기 욕구와 감정을 충분히 알지 못하고 결정하기 힘들어 우물쭈물하다가 그렇게 되기도 한다. 자신이 어떤 직업을 원하는지, 어떤 방향으로 가고 싶은지 본인도 알아채지 못하기 때문이다.

통제하지 못할까 봐 불안하다

자기불안을 가진 사람들은 자신만 못 믿는 것이 아니라 타인이나 삶 자체에 대해서도 신뢰가 약하다. 이들은 신뢰란 좋은 것, 하지만 감시는 더 좋은 것이라고 믿는다. 주변 환경을 항상 시야에 두려고 하고 자신이 누구에게 뭐라고 말하는지에 촉각을 곤두세운다. 단어 하나, 반응, 웃음소리까지 통제한다. 직장은 물론 사생활에서도 항상 긴장 상태고, 쉴 때도 긴장을 늦추지 못한다. 내가 상담한 한 40대 여성은 와인을 즐겨 마시지만 단 한 번도 취한 적이 없다고 고백했다. 취해서 정신을 놓으면 무언가 통제불능 상황이 일어날까 봐 두려운 것이다.

자존감이 약한 사람에게는 모든 것이 불안하다. 그래서 안전하다고 확인된 일상을 강박적으로 지키려 애쓴다. 미리 위험성을 예측할 수 있는 경우가 아니라면 새로 가는 길은 너무 위험하다. 스스로를 잘 지키지 못하고 삶의 풍파를 견디지 못할 거라는 생각 때문에, 심지어 자존감과 아무런 상관없는 상황에서까지 위축되고 소심해진다. 여행하는 것도 두렵고 낯선 곳에 있는 것만으로도 떨린다. 발밑이 꺼질 것 같은 불안과 자기방어가 불가능할 것 같은 불안이 동시에 깔려 있기 때문이다.

지나친 건강 염려증 역시 자기 일신이 공격받을 것 같다는 불안에서 비롯되는 것이다. 정체 모를 생존의 불안이라고 봐도 좋다. 실제로 사람들이 흔히 겪는 일상의 불안들은 자존감 결핍이 원인인 경우가 많다. 사람들은 안전장치를 과도하게 걸어두는 방법으로 이 불안에 대처하려 들고, 최대한 모든 것을 조절하고 통제하려는 강박에 휩싸이기도 한다. 하지만 동시에 제발 언젠가는 긴장의 끈을 모두다 풀고 거리낌 없이 행동하거나 모든 것에서 신경을 끄고 놓여나길 간절히 바라기도 한다.

어떤 이들은 자기회의가 너무 깊은 나머지 자신을 미워하기도 한다. 자신이 나쁜 인간이고 패배자라는 이유로 증오를 키우는 것이다. 이런 자기증오는 자기태만으로 이어진다. 스스로를 향해 폭력과 파괴적인 행동 방식을 거듭하고, 결국 의도와 달리 성공도 행복도 없는 삶을 사는 것이다. 그러고는 원래 스스로에 대해 가졌던 초라한 이미지가 역시 옳았다고 생각한다.

이때 일어나는 자기파괴는 약물 의존처럼 명백한 차원이 아니라 상당히 미묘한 차원에서 일어난다. 일례로 자신이 내린 중요한 결정과 그로 인해 생긴 삶의 여러 측면을 내내 후회하고 불만스러워하는 것이 여기에 속한다. 이들은 어떤 일을 하든 누구와 관계를 맺든 어디에 살든, 결코 만족하는 법이 없다. 무의식적으로 잘못된 것, 문제있는 것에만 관심을 집중한다. 인지 패턴이 극단적으로 결함 지향적인 탓에 스스로를 조금씩 불행으로 이끌고 간다. 사실 이들은 행복해지고 싶어 하지 않는다. '나는 행복 같은 건 얻을 자격이 없어. 그러기에 나는 너무 형편없는 인간이야.' 이들은 이렇게 마음 저 깊은 곳에서 자신의 살 권리를 문제시하며 스스로를 부정적인 세계관으로 옭아맨다.

나를 완전히
뒤바꿀 필요는 없다

자존감이 손상된 사람은 가급적 무사히 인생을 흘려보낼 전략과 신념을 선택한다. '불안'이라는 행성에서 영위하는 삶이란 가히 위험천만하다. 프롤로그에 등장한 주인공처럼 이들 다수가 이것 말고 다른 삶은 없다고 철석같이 믿는다. 그가 자신의 복면에 뿌듯해하듯이, 그들 중 일부는 자신의 전략이나 언제 있을지 모를 공격에 잔뜩 예민하게 벼려놓은 촉각, 늘 반응할 준비가 되어 있는 명민한 주의력을 자랑스러워한다. 도리어 자긍심을 가진 사람을 보고 생각 없고 잘난 척한다고 믿는다. 이들에게는 상처받지 않고 어떻게든 살아남으려고 체득한 전략이 삶에서 필요불가결한 나침반이자 방패이다.

나는 이들의 방어막을 빼앗거나 자부심을 깎아내릴 생각은 없다. 이들은 어릴 때부터 그런 전략이 효과적인, 심지어 생존하기 위해 그 전략이 꼭 필요한 환경에서 자랐다. 이들이 틀렸다고 주장하려는 것도 아니다. 염세주의와 불신은 신뢰와 낙천주의보다 현실적이면서 유리한 부분도 분명 있다. 게다가 주변 환경과 위험 요소를 지각하고 판단하는 능력이 인간이 가진 유일한 안전장치라는 것을 감안한다면 이들의 전략은 실제로 유효하다. 그런데 그런 자명한 근거를 두고 "바깥세상은 당신이 걱정하는 것처럼 위험하지 않아요!"라고 떠드는 소리를 왜 믿어야 하는가? 지금까지 당신이 살면서 실제로 얻은 경험은 그와 정반대 신호를 보내고 있는데 말이다.

사람은 자신이 오랜 시간 유지한 신념이나 보호 기능에 문제가 있다고 인지하면 가장 먼저 불안부터 느낀다. 예컨대 지금껏 잘못 보고 잘못 판단했다는 걸 깨닫게 되면 불안해지는 것이다. 자신의 감각과 판단을 믿지 못하는 상황만큼 무서운 게 어디 있는가. 인생을 항해하며 우리가 의지할 길잡이가 자신의 감각과 판단 말고 또 무엇이 있단 말인가.

///

어린 시절에 찾아낸 전략을 바꿀 시간

그럼에도 불구하고 자신에게 원래 있던 신념과 자기보호 체계를 흔들 각오를 했다면, 그것 대신 사용할 만한 새로운 신념과 전략을 마련해야 한다. 그렇지 않으면 내가 의지하고 비빌 언덕이 어디에도 없기 때문이다. 다만 이런 변화는 두려움을 동반한다. 더구나 그 두려움의 크기 또한 대부분 엄청나기 때문에 사람들은 차라리 그냥 과거에 머물러 있고 싶어 한다. 적어도 예전의 삶은 익숙하다. 그것이

최적의 상황도 아니고 고충을 감수해야 하지만, 멋모르고 변화를 감행했다가 더 잘못되면 큰일 아닌가. 나는 약점투성이이고 어떻게든 빈틈없이 나를 지켜야 한다. 그러니 진심으로 다른 확신이 들 때까지는 내 신념을 바꾸지 않기로 결심한다.

그러나 이 사실은 기억하자. 당신이 무언가 시도해보고 싶다는 생각을 하지 않았다면 이 책을 펼쳐 보지도 않았을 것이다. 더구나 자아를 튼튼하게 만들고 싶다고 해서 반드시 당신이 가진 신념을 모조리 바꿔야 할 필요는 없다. 이 책이 당신에게 권하는 것은 총체적인 전복이 아니라, 지금까지 당신이 취해온 기준과 보호 기능을 시의적절하게 수정하고 보완하는 작업이다. 여기서 시의적절이란 당신이 보유해온 기준과 보호기제들을 한 사람의 성인으로 살기에 알맞게 업데이트한다는 뜻이다. 지금껏 당신이 자기보호를 위해 사용한 전략들은 대부분 어린 시절에 찾아낸 것이고 그때는 확실히 유용했을 수도 있다. 하지만 이제 성인이 되었으니 전략을 수정하고 바꾸는 것이 훨씬 유리하다.

이 책에서 나는 당신이 보유한 옛 기준과 행동 양식을 업데이트할 만한 재료들을 되도록 많이 모아두었다. 하지만 구슬이 서 말이라도 꿰어야 보배라고 했다. 내가 제공하는 것들을 납득하고 몇 가지 행동 양식을 새롭게 수정하기로 결심하는 것은 결국 당신에게 달렸다.

나르시시스트와 가면 자존감 장애

지금까지 내 설명은 원칙적으로는 자기불안이 내재하고 그것 때문에 살기 불편하다고 의식한 사람들에게 해당되는 내용이었다. 그런데 자신이 겪는 문제들이 자존감 결핍에서 오는 결과라고 인식하지 못하는 사람들도 더러 존재한다. 그중 일부는 나르시시즘 성향이 원인이기도 하다.

만약 나르시시스트가 아니라면, 스스로를 보는 시각에 한두 가지 맹점이 존재하지만 자기 삶을 대부분 만족스럽게 여기는 경우다. 이런 유형에 속하는 사람들은 본인이 자긍심이 강하다고 느끼며, 앞서 열거한 문제들을 거의 느끼지 않는다. 하지만 현상적으로는 공황 발작, 대인 문제, 간헐적인 내면의 불안 등 여러 가지 문제 때문에 불편을 느낀다. 그러면서 이 불안과 문제가 다 어디서 오는지 몰라 어쩔 줄 모른다. 이따금 이들은 이런 문제와 자기 인생 간에 명백한 상관관계가 있음을 인지하지만 본질적인 원인이 무엇인지는 대면하고 싶어 하지 않는다. 형편없이 갉아먹힌 자존감이 문제의 진원지일 수도 있는데 말이다. 그래서 이들은 자존감 부족에서 오는 고통을 전면적으로가 아니라 부분적으로만 경험한다. 말하자면 이런 유형의 사람들은 스스로에게 자존감이 부족하다는 사실을 일부 의식할 뿐, 그런 상태를 곧잘 감당해낸다.

결국 이들은 평소 자신이 직업상 성공을 누리고 교우 관계도 튼튼하며 스스로 매력이 있다고 인식한다. 그러다 어느 순간 좀 더 깊이 들여다볼 기회가 생기면, 평소에 느껴왔던 자부심 밑에 무언가 석연 치 않은 것이 깔려 있음을 확인한다. 그 이면에서 이들을 기다리는 것은 열등감에 시달리는 자아의 한 부분이다. 예컨대 혼자 힘으로 인생을 살아갈 용기가 없는 '어리고 겁먹은 소녀'가 웅크리고 있다 가, 갑자기 낯선 상황이라도 만나면 공황 발작이나 그와 비슷한 증 상을 일으킨다. 혹은 아무도 사랑해주지 않을 거라고 믿는 '조그맣 고 뚱뚱한 소년'이 들어앉아 애착 불안에 허우적거린다.

현실에서, 그리고 의식 차원에서 이들은 사실 성인이다. 어리고 겁 많던 소녀는 이제 자기 목소리를 내는 한 회사의 어엿한 임원이 자 어머니가 됐다. 뚱뚱하고 키 작던 소년도 훤칠하고 박력 있는 사 업가이자 남편이 되었다. 남자는 꾸준히 운동도 하고 일에 매달리면 서, 소년을 의식 속에서 몰아내버렸다. 여자 역시 세월의 힘을 빌려 소녀를 쫓아냈다. 그러나 소년과 소녀는 여전히 그들 마음 깊은 곳 에 살면서 무의식에서 힘을 발휘하여, 때때로 공황장애를 불러일으 키고 애착 불안을 조성한다. 이 두 가지 증상은 대표적인 예시에 불 과하다. 앞서 말했듯이, 자존감 문제에서 거의 모든 심리적 문제가 파생되므로 더 많은 일들이 일어날 수 있다.

이런 유형의 사람을 가리켜 '가면 자존감 장애'라고 부른다. 나르 시시스트 유형은 자존감이 근본적으로 허약한 경우에 속하는 반면, 가면 자존감 장애는 부분적으로만 자존감 결핍이 드러나는 사람들에게서 발견된다. 나르시시스트가 내보이는 자신감은 자기기만에서 비롯되지만, 부분적으로 자존감 결핍이 드러나는 이들이 느끼는 건강한 자신감은 가짜가 아니다. 그래서 가면 자존감 장애를 가진 경우, 자신의 심리 안에 여러 가지 문제를 야기하는 한 부분을 발견하지 못하는 맹점을 갖게 된다.

만약 이 유형의 사람이 그 사실을 알아차리기만 하면 그다음 단계로 나아가는 작업도 가능하다. 다행히 이 책에는 그런 이들을 도울 도구가 충분히 마련되어 있다.

진짜 약점과 가짜 약점
구별하기

★

"나는 왜 자꾸만 나를 괴롭히는 걸까?"

자존감이 허약한 사람은 엉뚱한 지점에서
분투하며 기력을 낭비하느라, 정작 스스로를
존중하지 못해 생기는 진짜 약점을 보지 못한다. …
자존감 결핍은 다리미로 한번 쓱 눌러주면
쫙 펴지는 옷 주름 같은 것이 아니다.
작고 구체적인 행동의 변화를 하나하나 꾸준히 쌓아서
상처 입은 자존감을 조금씩 치유해야 한다.

항상 엉뚱한 지점에서
분투하는 이유

자존감이 낮은 사람에게 자주 나타나서 당사자 자신이 곧잘 실수한다고 여기고 자책하는 점들과 달리, 뚜렷하게 알아차리기 어려운 문제들이 있다. 이 장에서는 그에 대해 얘기해보려고 한다. 자기불안이 있는 사람은 자기인식이 번번이 왜곡된다. 정말 사랑받을 수 있을까 하는 깊은 불안과 자신을 사랑하지 못하는(적어도 완전히 사랑하지 못하는) 성향 때문에 스스로를 상처받기 쉬운 존재로 여긴다. 그래서 대개 자신에게 있는 문제를 곱씹고 남들이 보인 반응이 어땠는지 골똘히 떠올리면서 시간을 보낸다. 남들의 요청을 일일이 들어주려고 애를 쓰며, 사정이 허락하는 한 '완벽하게' 기대를 충족시키려고 노력한다.

그런데 안타깝게도 남들의 기대에 부응하는 데에는 민첩하게 움직이면서 정작 본인의 욕구에는 소홀하다. 사람이 언제까지나 자기 욕구와 바람, 갈망을 마냥 밀어낼 수는 없다. 자기불안에 시달리든 자기확신이 있든, 인간이라면 누구나 필요를 채우고 싶은 게 당연하다. 이 중에서도 가장 중추가 되는 것이 인정 욕구다. 그것도 남들이 해주는 인정이 아니라 본인 스스로가 자신을 인정해주고 싶은 마음이 제일 앞선다. 세상 그 누구도 형편없는 인간으로 인식되고 싶어 하지 않는다. 하물며 자기불안이 있는 사람은 더욱 그렇다. 이들은 남들과 본인 스스로에게 끊임없이 자신이 그래도 가치 있는 존재라는 걸 입증하려 애쓴다. 그러다 보니 이 유형의 사람들은 마음속에서 일종의 이중장부를 종종 쓴다.

또한 자신의 흠결을 빌미로 가혹하게 자기 가치를 차감하는 한편, 스스로의 자존감을 보호하기 위해 부단히 애쓴다. 불쾌한 자기인식이 일어날 때마다 상처 입지 않기 위해 이따금 모두를 속이기도 한다. 이러나저러나 자기불안이 있는 사람은 엉뚱하고 잘못된 지점에서 분투하느라 기력을 낭비한다. 타인의 시선으로 보면 언급할 거리도 못되거나 충분히 무마될 만한 약점을 수습하는 데 필요 이상의 에너지를 쓰는 것이다. 사실 더 큰 문제는 그러느라 스스로를 존중하지 못해서 생기는 '진짜' 약점은 보지 못하고 의식 한구석으로 밀쳐둔다는 점이다.

관계 속 문제의 책임을 상대에게 전가하는 습관

　자기불안을 가진 사람은 스스로를 피해자로 여긴다. 자신에게 저항력이 없다고 보기 때문이다. 이들은 마음속 불안 때문에 열등감을 느끼거나, 상대방이 자신보다 우월하다고 믿어버린다. 또한 자신의 이해 관심사를 잘 표현할 수 없다고 불안해하는 것은 물론, 자신의 존재감마저 의심한다. 거부당할까 봐 두려운 마음, 거기서 비롯된 갈등 회피 성향 때문에 괴로운 상황도 지나치게 오래 참아내고 원하지도 않는 일을 억지로 하기도 한다. 자신의 눈에 강자로 보이는 사람에게 맞춰주느라 자기 생각은 굽히고 들어가기 일쑤다. 결국 그런 자신에게 불만이 치밀어 오르고, 자기를 제멋대로 휘두르는 강자인 상대방에게는 더 역정이 난다.

　이처럼 자신의 실행력과 운신 가능성을 거의 사용하지 않다 보니 곧잘 스스로를 피해자라고 여기곤 한다. 사실은 본인이 자발적으로 남에게 복종했다는 것을 알아차리지 못하기 때문이다. 이런 일은 묘하게도 욱하는 유형에게도 일어난다. 이들은 실제로 반발하고 공격할 줄도 알지만, 자신이 그렇게 저항해야 하는 책임이 상대방에게 있다면서 잘못을 떠넘기고 상대방의 요구에 역정을 낸다.

　이처럼 피해자 의식에 젖어 가급적 자기 책임에서는 벗어나려는 경향을 보이는 사람들이 더러 있다. 실은 관계에서 생긴 문제의 책임을 상대에게 전가하는 것이 더 편리하기 때문이다. 이런 성향은 특히 갈등을 회피하려는 마음에서 출발한다. 자기불안이 있는 이들은 명확한 입장을 드러내야 할 때도 용기를 내지 못해 우물쭈물하기 쉬우며, 이것은 결과적으로 오해를 불러일으킨다. 그러면서 자신이 무엇을 원하고 무엇을 원하지 않는지 상대방이 먼저 알아차려주길 바란다. 혹은 상대방 입장에서는 아무리 봐도 넌지시 암시한 것에 지나지 않는 표현을 해놓고는 자기 의견을 똑똑히 밝혔다고 단정해 버린다. 욱하는 유형 역시 원칙적으로는 갈등 상황을 자신 없어 하기 때문에 자신의 공격성을 사소한 일에 와락 표출해버린다. 그래서 남들이 별 뜻 없이 건넨 말이나 약간 서툴게 나온 표현에 필요 이상으로 흥분하지만, 막상 자신의 진심은 실토하지 않는다.

이렇게든 저렇게든 자기불안이 있는 사람은 침착하고 적절한 말로 자기 속내를 표현하는 데 어려움을 느끼며, 상대방이 자기 진심을 추측해내거나 그 정도는 말 안 해도 요령껏 눈치채야 한다고 기대한다. 하지만 상대방이 눈치가 빠르지 않을 수도 있고, 이쪽에서 딱히 소리 내어 거절 의사를 밝히지 않았으므로 본인 상식에 기반해 행동하는 일이 종종 일어난다. 그러면 자기불안이 있는 이들은 곧바로 상대를 질타하고 자신을 힘들게 했다며 책임을 뒤집어씌운다.

이쯤에서 독자들은 뭔가 앞뒤가 안 맞는다고 생각할지도 모른다. 자기불안이 강한 이들은 보통 자신이 못난 거라며 자책한다고 하지 않았나? 물론 그렇다. 다만 그것은 동전의 한 면이다. 자존감이 손상된 이들은 어떻게든 자신의 책임을 피해 가려고 애를 쓴다. 책임질

일이 생기면 더 흔들리고 불안해질 테니 달갑지 않은 것이다. 자존
감이라는 장부를 놓고 보면 최대한 상대방에게 책임을 떠넘기는 게
훨씬 이득이다. 다른 일도 마찬가지다. 자신의 능력이 못 미더우면
아예 어떤 목표를 설정하고 도달하려는 시도를 별로 하지 않거나 아
예 하지 않는다. 또는 애초부터 실망할 거리를 만들지 않기 위해 자
신이 원하는 바가 있어도 뚜렷한 목표 자체를 세우지 않는다. 심지
어 관심을 기울일 만한 소망조차 없기 때문에 내적으로 방향도 목표
도 잃은 느낌에 젖어 있다.

그러다 보니 공부에서나 직업에서나 본인의 가능성보다 훨씬 못
미치는 수준에 머물며 간혹 더 뒤처지기도 한다. 동시에 본인보다
앞서 나가는 이들을 시기와 질투의 대상으로 삼는다. 또한 자기불안
이 있는 이들은 자신이 '실패'한 이유를 외부적 환경 요인이나 다른
동료에게 돌리는 습관이 있다. 소위 '피도 눈물도 없이 제 이득만 챙
기는 이기적인' 인간을 손가락질하는 한편, 자신은 마음씨 좋고 감
수성이 발달한 사람이라고 규정한다. 실패와 패배에 대한 두려움 때
문에 갈등을 견뎌낼 용기가 없는 나약한 성향을 은근슬쩍 평화주의
나 너그러움으로 위장하려 드는 것이다.

어떻게든 화목해야 한다는
강박에 대하여

　자신을 피해자로 인식하면 또 다른 문제가 일어난다. 관계 구조에서 강자로 규정된 사람과 이중의 감정, 이중의 관계를 맺는다는 점이다. 자기불안이 있는 사람은 자신을 상대적으로 열등하게 느끼고, 그 원인을 강자에게 전가한다. 자신이 갈등을 두려워한다는 사실을 인정하기보다 자기 눈에 강자로 보이는 이가 군림하려는 게 문제라고 책임을 덮어씌우는 것이다.

　자기불안이 있는 사람은 스스로가 불안해한다는 것을 잘 깨닫지 못하기도 하거니와, 자기확신이 있는 이들에 비해 타인을 호의적으로 대하지 못한다. 열등감이 있는 탓에 남을 쉽게 불신하며 경쟁심에 곧잘 사로잡힌다. 하지만 자존감이 허약한 사람은 실제로 가장 중요한 약점을 간과하는 경향이 있다. 늘상 남에게 맞춰주는 것이 우선이고, 좋은 관계를 깨기 싫어 갈등을 기피하느라 도리어 솔직하지 못한 점, 자신을 사랑하는 능력이 적어서 주변 사람 역시 사랑하지 못한다는 점. 이것이 이들의 진짜 약점이다.

한 사람이 자신을 대하는 태도는 거의 그대로 남에게 전이된다. 항상 자신을 날선 비판의 눈초리로 보는 사람은 자신의 이런저런 약점을 있는 그대로 받아들이는 사람에 비해 남들의 약점부터 찾아내려는 경향이 있다. 마찬가지로 자기불안이 있는 사람은 나름대로 강자라고 보이는 상대방에게 경외심을 갖지만 그만큼 상대방의 약점에 필요 이상으로 관심을 기울인다. 그렇게 남의 약점에 시선을 던질 때면 이들은 더욱 쩨쩨하고 모질어진다. 자기 자신에게 관대한 적이 거의 없기 때문이다. 이들은 스스로 만들어낸 열등감 때문에 자신보다 우월하다고 판단되는 사람을 깎아내리며, 그래야만 그들과 동등해진다고 생각한다.

///

자신을 대하는 태도는 그대로 남에게 전이된다

자존감이 낮은 사람은 자신을 방어하기 위해 삶을 구성하고, 화목해야 한다는 강박에 지배받는다. 알고 보면 그 성향은 모종의 공격 욕구와 묘하게 결합되어 있다. 이들은 자신이 약점이라고 생각하는 것들을 외부에 숨기고 타인과의 관계에서 어떻게든 상처받지 않겠다는 목표로 살아간다. 그러다 보니 이따금 남들에게 솔직하지 못한 상황도 벌어진다. 상대방과 일정 거리를 유지하며, 자신에 대해 밝히지 않으려 애쓰거나 필요할 경우 최소한에 한해서만 공개

한다. 특히 조화로움에 대한 강박이 말과 행동을 통제하는 바람에, 자연히 자기 입장을 표명하거나 견해를 밝히기 어려워한다.

이들은 뭔가 불편하고 안 맞아도 곧이곧대로 말하지 않는다. 속으로 짜증을 삼키며 겉으로는 침착한 척한다. 주머니 속에서는 주먹을 불끈 쥐면서 얼굴에는 미소를 띤다. 자기 생각이 따로 있어도 함구하거나 한껏 에둘러서 표현한다. 특히 관계 안에서 자기 욕구나 소망, 견해를 피력할 경우 상대방과 대립각을 세우게 될지도 모른다고 예상되면 더욱 그렇다. 반면에 단순한 사실 관계를 논할 때나 자기 의견이 통용되는 상식과 거의 부딪힐 위험이 없다고 판단하면 편하게 입장을 토로하기도 한다.

이런 소심한 태도 역시 버림받을지도 모른다는 두려움, 남들과 정면으로 대결하면 자신이 제대로 방어하지 못할 거라는 불안감 때문에 나타난다. 불안한 이들은 끊임없이 자신이 열등한 위치에 놓일까봐 전전긍긍한다. 상처받을 것에 대한 두려움도 항상 마음속에 도사리고 있다. 이 소심함 때문에 어느 정도 은폐와 차단이 일어난다. 내게 상담 받으러 온 이들과 얘기하다 보면, 제일 친한 친구에게 화가 나도 속마음을 터놓고 얘기할 수 없다며 하소연하는 걸 듣곤 한다. 나는 그 친구가 지금 이 대화를 듣는다고 가정하면 어떨 것 같냐고 묻는다. 그러면 내담자들은 양심의 가책을 느끼며, 친구에게는 큰 충격일 거라고 답한다.

자기불안이 있다고 해서 성격이 더 나쁘다는 얘기가 아니다. 다만 스스로에 대한 불안과 걱정이 너무 커서 솔직하지 못한 태도가 습관이 된 것뿐이다. 문제는 이렇게 화를 마음속에 담아두다 보면 결국에는 친구든 애인이든 관계가 적잖이 힘들어진다는 사실이다. 화를 표출하지 않고 쌓아놓기만 하면 그냥 스르르 녹아 없어지지 않는다. 오히려 시간이 갈수록 냉담하고 딱딱한 분노로 굳어버린다. 이렇게 화석이 된 분노는 싸움도 사전 예고도 없이 관계를 뚝 단절시키거나, 상대방 입장에서는 마른하늘에 날벼락처럼 느껴질 만큼 갑작스런 분노로 터져 나온다. 전자든 후자든 관계에 악영향을 미치는 것은 당연하다. 차라리 평소에 입을 열고 이런저런 오해를 단도직입적으로 이야기하는 것이 훨씬 낫다. 이들의 조화로움에 대한 강박 덕분에 당장은 관계가 무사할지 몰라도, 장기적으로는 돌이킬 수 없이 망가지는 일도 생겨난다.

나는 심리 상담실을 찾은 사람들에게 그때그때 할 말을 꼭 하라고 권한다. 이것 말고는 상대방이 오해를 해명하거나, 잘못을 인정하고 사과하도록 하여 관계를 다시 산뜻하게 유지할 수 있는 방법이 달리 없기 때문이다. 한편, 욱하는 사람들은 조금 다른 태도를 보인다. 이들 역시 공격받고 모욕당한 기분을 쉽고 빠르게 느낀다. 다만 너무 성급하게 느끼는 것이 탈이다. 이들은 공격받았다고 여긴 순간, 속사포처럼 상대를 나무란다. 무엇을 잘못했는지 모르는 상대방은 어안이 벙벙해진다. 당연히 이런 성향 역시 관계 유지에는 도움이 안 된다.

이렇게 욱하는 유형도 사실은 자신의 속내를 솔직하게 표현할 줄 모른다. 그래서 비교적 부담이 덜한 사소한 일에 버럭 화를 내는 것이다. 이들은 솔직하게 속마음을 말했다가 금방 상처받을까 봐 불안해한다. 이 점은 갈등을 피하는 평화주의자들이나 욱하는 유형이나 마찬가지다. 겉보기엔 강해 보이는 이들도 자신의 문제가 무엇인지 충분히 의식하며, 누구보다 본인이 그것을 제일 괴로워한다. 나를 찾아온 내담자 가운데 충동적이고 욱하는 태도를 조절하고 싶어서 온 이들의 비율이 상당할 정도다.

인간관계를 늘 어렵게 만드는
심리적 문제

　자존감이 낮은 사람은 소통에서 또 어떤 문제를 겪을까? 소통 문제에 대해 읽다 보면 거북하고 부담스러운 대목이 나올 수 있다. 혹시 자기 얘기라는 생각이 들면, 부디 외면하지 말고 문제를 정면으로 마주할 용기를 내봤으면 한다. 그래야만 문제가 풀리기 때문이다. 자신에게서 해당사항을 발견하지 못했다면, 소통 영역만큼은 자기불안이 부정적인 방식으로 영향을 끼치지 않았다는 점을 기뻐해도 좋을 것이다. 물론 그렇더라도 주변 사람들에 대한 안목과 이해를 넓히는 차원에서 관심 있게 읽어주길 바란다.

　심리적인 문제는 대부분 관계에서 비롯된다. 여기서 말하는 관계에는 연애 감정이 동반된 관계뿐 아니라 사람과 사람 사이의 모든 대인 작용이 해당된다. 이미 살펴봤듯 자기불안을 가진 이들의 근본적인 문제는 솔직하지 못하다는 점이다. 적극적으로 결정을 내리기보다 자기보호에 대한 강박, 남들 비위를 맞춰야 한다는 생각, 자신의 욕구 사이를 오가며 힘겹게 줄타기를 한다. 이때 남의 비위를 맞추려는 노력은 결국 스스로를 위한 것이다. 이들에게는 처음부터 상처받기 쉬운 자아를 보호하는 것이 중요하다. 이들은 '뭐가 중요한가?' 대신 '어떻게 하면 나를 잘 보호할 수 있을까?'라는 질문이 우선이다. 수비와 방어가 전략의 중심이다 보니 이들과의 소통은 짙은 안개 속에 갇힌 것처럼 모호해진다.

///

속마음을 보여주지 못하는 까닭

자기불안이 있는 사람은 자신의 말과 행동에 대해 책임지려는 의지가 부족하다. 내가 지금 책임지는 게 얼마나 많은데, 상상조차 못할 만큼 많은 걸 감당하고 있는데 무슨 소리냐고 되묻고 싶을지도 모른다. 틀린 말은 아니다. 하지만 당신이 지는 책임은 겉보기에만 책임처럼 보이는 일이 더 많다. 당신은 싸울 일은 멀리 돌아서 가고, 누구도 상처 주고 싶지 않아서 할 말이 있어도 꾹 참는다. 이렇게 하면 일단 자신을 보호할 수 있고, 상대방은 당신을 파악할 수도, 공격할 수도 없다.

반대로 속마음을 보여주면 상대는 당신이 어떤 입장이고 무엇을 중요하게 여기는지 알게 된다. 그 대신 이제부터 당신이 바라는 바, 욕구, 생각과 감정에 대한 책임을 스스로 짊어져야 한다. 당연히 그 바람 중 하나가 거부당할 위험도 발생하고 당신 의견 한두 가지는 반대에 부딪힐지도 모른다. 당신이 '버림받을' 가능성이 높아지는 것이다.

자존감이 부족한 사람의 소통 전략에는 다음과 같은 특징이 있다.

- 자신의 의견, 감정, 불안을 숨긴다.
- 타인에게 책임을 전가한다.
- 벽을 쌓고 수동적으로 저항한다. 남들이 실수하거나 좌초하도록 내버려둔다.

사례를 하나 살펴보자. 주잔네는 피트니스 센터에 다니다가 요한나를 알게 되었다. 두 사람은 자주 얘기를 나누었고 겉으로는 서로 잘 통하는 듯했다. 자존감이 낮은 편인 주잔네는 요한나가 자신보다 더 강하고 자신감 있는 사람으로 보였고, 외모도 더 낫고 재치도 있다고 생각했다. 자신감 있는 태도, 매력, 재치를 겸비한 요한나를 보니 주잔네는 열등감과 시기심이 스멀스멀 피어올랐다. 그래도 직업적으로는 자신이 더 사회적 지위가 높으니까 괜찮다고 스스로를 위로했다. 다만 요한나를 향한 감정이 이율배반적이어서 무척 혼란스러웠다. 사람 좋고 재미있는 요한나가 마음에 들었지만, 그녀와 있으면 열등감 때문에 괴로웠다. 그렇게 만든 요한나에게 악감정이 들기까지 했다.

물론 요한나는 주잔네가 자신을 향해 그런 내적 갈등이 있는지 전혀 눈치채지 못했다. 요한나는 주잔네를 좋아했으므로 어느 날에는 주말에 밖에서 만나 즐기자는 제안을 해왔다. 주잔네는 제안을 듣자 반사적으로 거부감이 일었다. 예쁘고 재미있는 요한나 옆에 있으면 자신이 칙칙한 쥐처럼 하찮게 보일까 봐 두려웠다. 사실 주잔네의 평가에는 아무런 객관적 근거가 없었다. 실제로 자존감과 객관성은 서로 거리가 멀다. 하지만 주잔네는 요한나에 대한 거부감을 솔직히 인정하고 싶지도 않았고, 그녀의 제안을 거절했다가 환심을 잃는 것도 싫었다. 그래서 이도 저도 아닌 애매한 답변을 내놨다. "그거 좋겠네요. 그런데 이번 주말에는 내가 할 일이 너무 많아서요." 약속을 잡지 않은 채 질질 끌다 보면 빠져나갈 수 있으리라 기대한 것이다.

´´´
'싫다'라고 솔직하게 말하지 못하는 이유는…

어쨌든 주잔네는 승낙도, 거절도 안 한 상태였다. 주잔네 마음속에서 어떤 태풍이 휘몰아치는지 알 리 없는 요한나는 얼마 뒤 같은 제안을 했다. 주잔네는 궁지에 몰린 기분이었다. 똑같은 대답으로 두 번씩이나 둘러대면 요한나는 불쾌해할 것이 뻔했다. 결국 주잔네는 속으로는 거절하고 싶은데도 상냥한 말씨로 그러자고 답하고 말았다. 요한나가 아예 구체적인 날짜까지 물어오는 통에 주잔네는 내키지 않지만 억지로 약속을 정했다. 내심 약속한 날짜가 다가오기 전에 무슨 일이라도 생기길 기대했고, 어떻게든 되겠지 생각했다.

주잔네는 처음부터 약속을 잡고 싶지 않다는 신호를 '명백하게' 주었는데도 못 알아듣고 끈질기게 매달린 요한나에게 골이 났다. 마침내 약속된 날이 왔다. 주잔네는 턱에 볼썽사나운 뾰루지가 돋은 걸 보고 평소보다 유난히 신경이 곤두섰다. 자신의 흉한 모습을 보자 그녀를 향한 분노가 가슴 속에서 치밀어 올랐다. 오후가 되자 머리가 지끈지끈 아파왔다. 결국 주잔네는 약속 시간을 얼마 앞두고 두통을 핑계로 약속을 취소하고 싶다는 문자 메시지를 보냈다.

이 이야기를 보면 자존감이 부족한 이들이 매달리는 세 가지 소통 전략이 구체적으로 드러난다.

첫째, 주잔네가 요한나와 같이 있으면 자신이 초라해 보일 거라는 우려를 입 밖으로 털어놓았다면 어땠을까? 요한나도 그 말에 반응하고 같이 얘기를 나눴을 것이다. 이것을 계기로 둘은 좀 더 가까워졌을 수도 있다. 그러나 주잔네는 침묵하면서 둘 사이의 거리를 유지했다.

둘째, 주잔네는 자신의 양가감정에 대한 책임을 요한나에게 떠넘겼다. 주잔네는 열등감을 느끼는 것이 자신이고, 자기 생각을 말하지 않는 것도 자신이라는 것을 떠올리지 않았다. 자신이 져야 할 책임은 애써 외면하고, 요한나가 자신을 강제로 밀어붙였다며 모든 책임을 그녀에게 떠넘기고 역정을 냈다.

셋째, 주잔네는 솔직하지 못했다. 당당하게 정문을 사용하지 않고 뒷문으로 슬쩍 드나드는 모양새였다. 이런 수동적인 공격성을 가리켜 나는 '벽 쌓기'라고 부른다. 주잔네가 겪은 갑작스런 두통도 심인성 질환에 속하며, 결코 갑작스런 증상이 아니다. '싫다'라고 솔직하게 말할 자신은 없는데 소통 자체를 피할 수는 없고, 거기서 생겨나는 책임은 지고 싶지 않을 때 사람은 병에 걸린다.

수동적인 저항은 상대가 나에게 기대하거나 부탁하는 것을 분명히 거절하지 못하지만 그렇다고 들어주기도 정말 싫을 때 그것을 회피하는 수단으로 쓰인다. 너무 늦게 도착하거나, 자꾸 실수하고 잊어버리거나, 연락을 주지 않거나, 입을 꾹 다무는 태도가 여기에 속한다. 필요한 물건을 잊어버리거나 해야 할 일을 그냥 망각하는 것은 수동적 저항을 위해 자주 쓰이는 전략들이다. 누군가 수동적 저항을 하기로 마음먹었다면 대응책은 별로 없다. 상대방은 입이 닳도록 얘기를 반복하고, 최소한 이것만은 지켜달라고 끈기 있게 약속을 부탁한다. 하지만 수동적 저항을 하는 당사자는 말로만 수긍할 뿐, 실제로는 그 무엇도 달라지지 않는다.

마음속 열등감을
어떻게 처리해야 할까

    아힘은 프로그램 개발자인 남성이다. 그는 같은 프로그램 개발자로 한 사무실에서 일하는 홀거라는 동료가 몹시 불편하다. 홀거는 자긍심과 삶의 의욕이 넘치며 이야기하길 좋아한다. 반면 아힘은 조용하고 말수가 적다. 아힘은 실패에 대한 두려움이 커서 일할 때는 (사실은 일할 때 뿐만 아니라 여느 때에도) 실수하지 않으려 상당히 긴장한 상태다. 그래서 일하는 도중에 홀거가 습관처럼 수다를 떨기 시작하면 신경이 매우 거슬린다. 하지만 그 사실을 터놓고 말할 용기가 안 나 입을 꾹 다물어버린다. 아힘이 한 번이라도 일하는 도중에는 긴 얘기는 삼가달라고 부탁했다면 홀거는 분명히 적개심 없이 들어주었을 것이다. 그러나 영문을 모르는 홀거는 계속 입을 열었고, 그의 수다가 계속해서 아힘의 신경을 건드렸다.

    아힘의 가슴에 점점 분노가 쌓여갔다. 물론 홀거의 수다만이 문제는 아니었다. 자신과 달리 홀거는 활달하고 나긋나긋했다. 상사도 그런 홀거를 훨씬 마음에 들어하는 듯했다. 홀거 같은 사람은 항상 아힘에게 눈엣가시였다. 그런 인간 옆에서는 자신이 항상 덜떨어진 사람처럼 여겨졌기 때문이다. 물론 아힘 자신은 그걸 깨닫지 못했고, 그냥 홀거가 말만 번드르르한 사기꾼이라고 치부했다. 그는 틈날 때마다 홀거를 향해 일부러 이런저런 실수를 저질렀다. 홀거의 부재중에 중요한 고객이 전화했다는 것을 알려주지 않거나, 중요한 정보를 공유하지 않거나, 다른 동료들과 있을 때 은근히 홀거에 대해 뼈 있는 농담을 슬쩍 흘리거나 하는 식이었다.

홀거는 이 모든 것을 전혀 파악하지 못했고 자신과 아힘이 아주 편하고 허물없는 사이라고 믿고 있었다. 아힘이 이따금 뭔가 잘 잊어버릴 때도 그냥 그 순간에만 잠깐 섭섭해하고 말 뿐이었다. 그러던 어느 날 홀거가 작업한 내용에 장애가 발생했다. 홀거는 자연스레 아힘에게 도와달라고 청했고, 아힘은 표면적으로는 흔쾌히 답했다. 아힘이 홀거의 데이터를 분석한 결과 장애를 일으킨 오류가 발견되었다.

그러나 아힘은 오류를 바로잡는 대신 엉뚱한 내용을 일부러 추가했다. 홀거에게는 도무지 뭐가 문제인지 찾아내지 못했다고 둘러댔다. 다음 날 문제의 프로그램은 아예 먹통이 되어 멈춰버렸다. 홀거에게 그야말로 위기가 닥친 것이다. 아힘은 저 정신 나간 자아도취 환자가 드디어 패배자가 되면 어떤 기분인지 알게 될 거라며 속으로 고소해했다.

아힘은 내면에 일어난 열등감을 유달리 악의적인 방식으로 '처리'했다. 사실 자존감이 약한 사람들이 이렇게 강도 높게 반응하는 경우는 드물며, 진심으로 상냥한 사람들이 훨씬 더 많다. 아힘의 극단적인 예를 굳이 선택한 이유는 열등감 때문에 가해자와 피해자 관계가 어떻게 왜곡되는지 보여주기 위해서다. 홀거는 아힘에게 미움받을 만한 어떤 객관적인 계기도 제공한 적이 없다. 그저 솔직하고 사람 좋아하며 다정하고 편안한 성격일 뿐이다.

문제는 아힘이 자신의 열등감을 온전히 직시하지 못하고 부분적으로만 알아차리는 데 있다. 그는 자신이 홀거를 질투한다는 사실을 인정하지 않았다. 오히려 홀거에게 '사기꾼', '자아도취 환자' 같은 말로 부정적인 낙인을 찍었다. 그래야 자신이 느끼는 열등감을 무마할 수 있기 때문이다. 자신이 상대보다 열등하고 피해자라고 느끼는 아힘은 자연스레 홀거를 가해자 취급했다. 아힘은 열등감 탓에 인지능력이 심하게 왜곡되어 '못된' 홀거에게 복수하는 것을 유일한 해결책으로 삼았다. 하지만 홀거에게 공개적으로 싸움을 벌이지도 않았다. 아힘이 수행하는 '전쟁'은 하나부터 열까지 철저히 은폐되고 위장된 채로 수행되었다.

아힘은 자존감이 낮은 사람이 주변에 벽을 둘러쌓는 것을 극단적으로 보여주는 좋은 예다. 벽 쌓기는 자기보호를 하거나 몰래 공격을 수행하는 데 매우 적당한 수단이다. '끔찍하기 짝이 없는 동료 홀거가 등장하는 억울한 이야기'는 아힘의 머릿속에서만 상영되는 영화일 뿐, 그 어떤 실질적인 근거도 없다.

하지만 아힘의 상상과 생각은 현실에 영향을 끼쳐 일종의 전쟁을 수행하게 만들었고, 홀거에게 상당한 피해를 입혔다. 그 과정에서 홀거는 아무것도 모른 채 죄 없는 피해자가 되었다. 상황이 이런데도 혹여 아힘에게 누군가 그의 처지에 대해 물으면 아마 그는 자신은 평생을 피해자 신세로 살고 있다고 대답할 것이다.

방금 살펴본 사례에서 나타난 소통 방식과 아힘의 문제를 연관지어 정리해보자.

- **자신의 의견, 감정, 불안을 감춘다:** 아힘은 자신의 속내를 일체 공개하지 않았다. 그리고 홀거에 대한 자신의 생각, 느낌, 불안을 엄격히 통제했다.
- **타인에게 책임을 전가한다:** 아힘은 홀거에게 느끼는 불쾌감의 원인을 홀거에게 모두 덮어씌웠다.
- **벽을 쌓고 수동적으로 저항한다:** 물론 여기서 아힘의 저항은 수동성을 넘어섰다. 은밀하지만 능동적으로 아힘은 홀거에게 가해 행위를 했다.

/////

아무도 공격하지 않았는데 보호막부터 친다면

성급하게 방어하려는 성향 또한 자기불안의 또 다른 소통 방식이다. 불안한 이들은 혹시 있을지도 모르는 비판에 대항하기 위해 미리부터 준비한다. 실제로 누가 공격하지도 않았는데 보호막부터 치는 일이 빈번하다. 그럴 때 대화는 상당히 어색해지고, 때론 더 이상의 소통이 단절되기도 한다. 다음 몇 가지 대화를 살펴보자.

A: 토마스한테 이메일 보냈어?

B: 내가 어떻게 그 일을 다 하니? 지금 일에 치여 죽기 일보직전인 거 안 보여?

A: (다정하게) 너 피곤해 보인다.

B: (발끈하며) 하루 종일 숨도 못 쉬고 일했으니까 그렇지!

A: 우리 산책하러 갈까?

B: 지금 나더러 죽으라는 거야?

위 대화 속 A가 말한 어떤 문장에도 B를 향한 공격의 뉘앙스는 없다. 그런데도 B는 상대방이 질문할 때마다 그 안에 있음직한 공격의 낌새를 미리 감지하고 밀쳐내는 데 급급하다. 가령 아직 이메일을 못 보냈다고 간단히 말하면 될 것을 즉각 역공 자세를 취한다. "지금 일에 치여 죽기 직전인 거 안 보여?"(내포한 뜻: 그런 어처구니없는 질문을 왜 해?) 혹시 이메일 보내기를 잊어버렸냐는 비난을 사전에 차단하기 위해서다. 그것은 남들에게는 큰 잘못이 아니지만 B에게는 실패이자 비난거리이기 때문이다.

두 번째 대화에서도 B는 공격받았다고 여긴다. 자기 컨디션이 최상이 아니라는 사실을 남에게 보이는 게 견디기 힘들기 때문이다. 그래서 얼마나 자신이 고생하며 일했는지 쌀쌀맞게 제시함으로써 자신을 방어하려 한다.

세 번째 대화에서 B는 그냥 산책을 가는 것이 귀찮거나 몸 상태가 별로여서 가기 힘들다고 말하기 싫은 것일 수도 있다. 그러나 어쨌든 자신의 속내를 말했다가는 자신의 결함이 드러날까 봐 털어놓기를 꺼려한다. 더욱이 B는 A가 그럴싸한 논리로 자신을 구슬리고, 그 압력에 자신이 끌려갈까 봐 걱정된다. 운동을 해야 몸에 좋다느니, 기분 전환을 해야 한다느니 같은 논리를 들으면 항변하기 힘들 것 같고, 결국 자신이 귀찮아서 가기 싫다는 걸 자백해야 한다. 따라서 B는 미리 역공을 펼쳐서 속마음이 탄로 날 것을 방지하기로 선택한 것이다.

사랑받지 못할까 봐
두려운 마음 알아차리기

자기불안이 있는 이들은 싫다는 말을 잘 못하기 때문에 주변 사람들에게서 쉽게 압박감을 느낀다. 거기다 자신의 생각과 감정을 차근차근 가다듬는 데 시간이 오래 걸리는 편이라 즉흥적으로 답을 줘야 할 상황에서는 확실히 부담을 느낀다. 이런 사람들의 속마음을 모르면 종종 소통 과정에서 오해가 생긴다. 다음 이야기를 살펴보자.

존은 여자친구인 멜라니에게 영화관에 가자고 제안했다. 멜라니는 별로 생각이 없다고 답했다. 멜라니와 꼭 영화를 보고 싶었던 존은 그 영화가 얼마나 괜찮고 흥미로운지 거듭 말하며 설득했다. 멜라니는 존의 설명을 들으며 압박감을 느꼈다. 그냥 영화관에 가기 싫다는 것 말고는 그의 논리에 대응할 말도 없었지만, 꿋꿋하게 '그럴 기분이 아니다'라고 딱 잘라 거절할 용기가 나지 않았다. 멜라니는 결국 내키지 않는데도 그러자고 고개를 끄덕였다. 하지만 막상 영화를 보는 동안 자신과 존에 대한 분노가 끓어오르는 걸 간신히

참느라 도통 집중하지 못했다. 존과 있다 보면 속으로는 싫다고 말하고 싶은데도 좋다고 말하는 일이 자주 일어났다.

자기불안을 가진 이들은 상대방이 질문을 던지거나 어떤 기대를 표현할 때 대체로 압박감을 느낀다. 타인이 원하는 대로 맞춰줘야 하고 그 사람을 실망시키면 안 된다는 강박이 있다 보니, 그들 입장에서는 걸핏하면 강요당하는 상황에 내몰린 기분이 든다. 내세울 수 있는 분명한 입장조차 없는 경우도 많다. 멜라니가 존에게 영화관에 갈 기분이 아니라는 것 말고는 할 말이 딱히 없었던 것이 그렇다.

하지만 자기불안을 가진 사람이 분명한 자기 견해가 있다 해도, 그것을 뚜렷하게 표현하는 건 다른 문제다. 자기불안이 있는 사람들은 대개 자신이 말주변이 없다고 여긴다. 결정적 순간에 적절한 말이 떠오르지 않아서 쩔쩔매거나, 자기 입장을 대변하기 위해 논거를 펼치는 데도 익숙하지 않다. 그래서 이들이 그런 일을 해야 할 상황에 처하면 자연스럽게 스트레스를 받고 사고 흐름이 막히며 필요한 어떤 논리도 떠오르지 않는다.

///

내가 지나치게 희생하고 있다는 감정에 짓눌리다

특히나 자존감이 부족한 이들은 솔직하고 자유분방하게 자기 견해를 밝히는 사람을 보면 쉽게 주눅이 든다. 상대방이 자기보다 막강하고 우세하다고 단정하고, 반발해봤자 아무 소용이 없다고 결론을 내린다. 멜라니 역시 존이 절대적으로 자신보다 우위에 있다고 여기며, 관계 안에서도 강자라고 규정한다. 멜라니는 존과의 관계에서 이런 정서를 기본 전제로 삼았기 때문에 어떤 사건이 벌어질 때마다 쉽게 자신의 뜻을 굽혔다. 그 이면에는 존의 기대를 충족시키지 못하면 그가 자신을 떠날지도 모른다는 불안이 깃들어 있었다.

문제는 관계를 이어갈수록 멜라니의 마음속에 존이라는 타인의 손에 자기 삶을 내맡기고 있다는 느낌이 점점 강해진다는 사실이었다. 자신을 깡그리 잃어버리는 듯한 불안감이 엄습했다. 물론 처음엔 자신을 탓했지만 나중엔 존이 자신을 제멋대로 휘두르는 것 같아서 은근히 화가 났다. 물론 멜라니가 존에게 반박하는 일도 있었고, 아무 일에나 덮어놓고 '네가 옳다'고 따르는 것은 아니었다. 하지만 멜라니가 생각하기엔 존이 자신에게 맞춰주는 경우는 거의 없었다. 이번에도 영화관에 갈 기분이 아니라고 '분명히' 밝혔는데도 존은 그 말을 아무렇지도 않게 '넘겨버렸다'.

존의 시각에서 보면, 자기가 원하는 바가 있으면 연인을 적극적으로 설득하는 것이 당연하고 정당한 행동이다. 설마 여자친구가 자신에게 끌려 다닌다고 느낄 거라고는 상상도 하지 못했다. 멜라니가 한두 살 먹은 어린애도 아니고, 주장할 일이 있으면 당연히 할 거라고 전제했기 때문이다. 존의 입장에서는 자신이 내놓은 제안을 상대가 받아들이길 바라며 대화하는 것이 지극히 정상이다. 멜라니가 영화관에 가는 데 동의했을 때도 존은 당연히 그녀가 자신이 제공한 정보를 듣고 마음을 바꾼 거라고 이해했다. 다시 말해 존은 자신이 사실의 영역에서 자기주장을 펼쳤고, 그것으로 멜라니를 설득한 것이라고 믿었다.

반대로 멜라니는 존의 비위를 맞춘 거였지 그의 논리에 설득당한 것은 아니었다. 그녀는 단지 불안해서 그렇게 대응한 것뿐이었다. 바로 여기에 멜라니와 존 사이의 오해가 존재한다. 이 오해는 이들 관계를 악화시키는 핵심 요인이 되었다. 존은 멜라니와 자신이 동등하다고 여겼지만, 멜라니는 자신이 존보다 열등하다고 느꼈다. 멜라니는 싫다고 말하고 싶은 순간에도 종종 좋다고 답했고, 자연스레 존에게 휘둘린다고 느끼면서 자신이 지나치게 희생하고 있다는 감정을 갖게 되었다. 이 감정은 최근 존과의 성관계에서 즐거움마저 떨어뜨렸다.

멜라니에게는 이런 열등감과 불감증 사이에 깊은 관계가 있다는 사실이 눈에 들어오지 않았다. 아닌 게 아니라 연인에게 지배당한다고 느끼는 감정, 너무 상대에게 맞춰주기만 한다는 느낌 때문에 남자든 여자든 성적 거부감이 드물지 않게 일어난다. 자신이 열등한 위치에 있다고 느끼는 경우, 무의식적으로 성적 영역에서만큼은 자신의 경계를 지켜야 한다는 위기감을 갖게 된다. 그것은 '너한테 이것까지 내줄 순 없어! 최소한 내 몸은 내 거야!' 하는 심정에 가깝다. 이 순간 친밀성은 끊어지고 평상시 '점령군'으로 치부되던 상대방은 성적 거부라는 벌을 받아 마땅한 존재가 된다.

자기불안이 있다고 해서 모든 기대에 다 부응하며 사는 것은 아니다. 자신을 보호하기 위해서 정반대 전략을 쓰고, 때로는 상대방과 단절하거나 거부 행위를 하기도 한다. 이런 유형들은 외부로부터 압박감을 민감하게 느끼고, 자기 뜻을 포기하는 대신 소통을 거부하거나 반발하는 태도를 보인다.

변화의 실마리

지금까지 자존감 부족이 불러올 수 있는 문제 중 가장 두드러진 경우를 살펴봤다. 내 경험상 문제를 알아차리면 곧 반은 문제를 해결한 것과 같다. 우선 문제와 관련된 나의 태도를 알아차려야 다른 태도와 대안을 의식적으로 선택할 수 있다. 그러나 문제가 무의식 저 아래편에 묻혀 있거나 어렴풋하게 냄새만 피운다면, 내 행동을 좌우하는 방향키 역시 무의식이 쥐고 있도록 내버려두는 셈이다.

그것은 곧 불안을 극복하려는 사람이 자기 행동을 의식적으로 조절할 수 없다는 뜻이고, 나아가 무언가를 바꿀 수 있는 힘이 아직 형성되지 않았다는 뜻이다. 구체적으로 말하면, 자존감이 약한 사람들은 자신이 전전긍긍하고 불안한 심정으로 살아간다는 것은 곧잘 실감하지만, 이 사실이 결국 구체적으로 자신의 행동, 생각, 감정을 어떻게 좌우하는지는 파악하지 못하는 것이다. 그래서 바로 이 구체적인 결과와 현상들에서부터 변화의 실마리를 찾아야 한다.

이해를 돕기 위해 앞서 얘기한 멜라니의 사례를 한 번 더 들어보자. 멜라니는 스스로에 대한 신뢰가 부족하다는 것은 알지만 이 사실이 자신의 소통 방식이나 존과의 관계에 어떤 영향을 주는지는 정확히 알지 못했다. 자신이 자발적으로 존이 하자는 대로 움직이거나 알아서 그의 욕구에 맞춰주느라 관계가 심하게 위협받고 있다는 것도 몰랐다. 멜라니가 존을 잃을까 봐 두려워서 내키지 않은 것도 억지로 수긍하는 일이 잦아지면서, 그녀는 답답하고 숨이 막혔다. 그런데도 자신을 답답하게 옥죄는 사람이 존이 아니라 다름 아닌 자신이라는 자각이 없었던 것이다. 멜라니는 자신이 갖는 문제를 자신보다 우위라고 느껴지는 존에게 투사했다. 이 현상이 장기적으로 이어지다 보면 존에 대한 감정은 냉랭해질 것이고 관계는 결국 깨질 것이다. 이렇게 관계에서 생겨나는 문제들과 애착 불안의 근원 역시 자존감 결핍이 원인인 경우가 많다.

혹시 멜라니가 자신의 행동과 생각의 원인을 충분히 의식한다면, 그런 자신에게서 의식적으로 벗어나는 일도 가능할 것이다. 한 번이라도 더 목소리를 내어 의견을 말하거나, 자신이 겪는 마음의 갈등을 놓고 존과 허심탄회하게 얘기를 나눌 수도 있다. 그러면 존도 어떤 상황인지 이해하고, 좀 더 멜라니의 속마음을 섬세하게 살피거나 멜라니가 원하는 바를 표현하도록 용기를 북돋아줄지도 모른다.

이번 장을 읽으며 자기 이야기 같다고 느낀 부분이 많다면 이제 앞으로는 구체적으로 무엇을 바꿔야 할지 고려해봤으면 한다. 자존감 결핍이란 다리미로 한번 쓱 눌러주면 펴지는 옷 주름 같은 것이 아니다. 작고 구체적인 행동의 변화를 하나하나 꾸준히 쌓아서 상처 입은 자존감을 조금씩 치유해야 한다. 그러다 보면 자존감이 어느새 훌쩍 자라 있는 모습을 발견할 수 있을 것이다.

3

내면아이와 내면어른
분리하기

★

"내 과거가 내 미래가 되지 않도록"

좋은 부모란 한 사람이 평생 간직할 수 있는
보호막이지만, 아이를 힘들게 하는 부모는
평생 짊어져야 하는 짐이 된다. 짐을 벗기 위해서는
부모와의 관계를 정면으로 마주하고 치밀하게 교정해야 한다. …
우선 자신과 진솔하게 대면해야만 스스로를 있는 그대로
이해할 수 있다. 그런 이후에야 비로소 타인도, 부모도
이해가 되고 그들의 행동을 제대로 파악할 수 있다.

나의 어린 시절이
말해주는 것

　자존감이 낮은 원인은 무엇일까? 크게 보아 유전적인 형질과 유년기에 각인된 강렬한 경험 등 두 가지로 요약할 수 있다.

　물론 성인기에 겪는 경험도 자존감에 크고 작은 영향을 끼친다. 하지만 자존감을 이루는 성분은 주로 양육자가 행한 교육과 유전자를 통해 구성된다. 인간의 유전형질에는 자존감에 직접적인 영향을 주는 성격적 특징들이 확정되어 있다. 그런 까닭에 누구는 겁이 적고 누구는 그렇지 않은 등 많은 차이를 갖고 태어난다.

　성격적 특징 중의 하나인 소심함 역시 크게는 유전적으로 결정된다. 그래서 호의적이고 후원을 아끼지 않는 부모에게서 자란 아이가 사회적인 관계에서나 낯선 사람과의 접촉에서 무척 겁 많고 어수룩하게 굴 수도 있다. 반대로 양육자에게 별다른 뒷받침을 받지 못해도 자부심이 남다른 아이도 있다. 이렇듯 부모의 양육과 자존감 형성이 꼭 일대일 관계로 맺어지는 것은 아니다. 인간의 발달에는 너무나 다양하고 많은 요소가 동시에 영향을 미치기 때문이다.

성격 특징인 외향성, 내향성 역시 자존감 형성에 적잖은 영향을 주는데, 이 역시도 대부분 타고난 천성에 의해 갈린다. 전형적인 외향적 성격은 사람과 잘 어울리고, 말하길 즐기며, 활기차고, 위험과 모험을 즐긴다. 내향적 성격은 차분하고 조용하며 생각이 많고 조심스럽다. 외향적인 사람은 문제가 생기면 사회적인 지지를 더 적극적으로 구하는 반면, 내향적인 사람은 혼자서 어떻게든 처리하려 애쓴다. 바로 이 점에서 자존감과 성향 사이의 관계가 나타난다. 외향적인 사람은 자기 문제에 대해 입 밖에 내어 얘기하고 적극적으로 외부에 도움을 청하는 것을 더 적당한 문제 해결법이라고 생각한다. 이 전략은 물론 자존감에 긍정적으로 작용한다.

/////

유전이 모든 것을 결정하지 않는다

외향적인 사람은 대체로 솔직하게 타인에게 다가가므로 더 긍정적인 피드백을 경험한다. 이 형질은 90퍼센트가량 유전에 따라 결정되며, 어렸을 때부터 그 성향이 겉으로 드러난다. 외향적인 아이는 또래 아이에게든 어른에게든 허물없이 다가가고 묻지도 않은 말을 기꺼이 들려준다. 그래서 남과 쉽게 소통하고 호감도 얻고 친구도 잘 사귄다. 반면 내향적 아이는 외향적 아이만큼 쉽게 마음을 드러내거나 변화를 보여주지 않는다. 그렇다고 내향적인 사람이 무조건 자존감이 낮다는 뜻은 아니다. 단지 외향적인 사람보다 자존감에 관련된 문제를 만나면 더 예민하게 반응하는 편이라고 말할 수 있다.

당신이 내향적이든 외향적이든 간에, 본인이 스스로를 어느 쪽으로 받아들이고 행동하느냐가 중요하다. 내향성이든 외향성이든 각각 장단점이 있다. 둘 중 어느 쪽이 더 좋거나 나쁘지 않다. 언뜻 보기에는 외향적인 이들이 더 유리해 보이지만, 내향적인 이들의 장점도 결코 적지 않다. 혼자서도 잘 지내는 능력, 외부의 인정에 의존하지 않는 독자성, 어려운 과제를 맡고도 견디는 끈기, 심오한 내면세계 등……. 물론 '유전적으로 결정되었다'고 해서 개인이 아무것도 바꿀 수 없다는 뜻은 결코 아니다.

당신에게 자존감 문제가 있고 이것을 극복하고 싶다면 어린 시절을 면밀하게 들여다볼 필요가 있다. 그 과정에서 자신을 더 많이 이해하게 될 것이다. 그리고 외부 환경, 즉 양육자들에게서 여과 없이 전달된 내적 신념, 내적 확신 등이 어떻게 자리 잡았는지 알게 될 것이다.

자기증오의 뿌리를
찾는 과정

　아이는 부모 손에 생존을 의탁한다. 특히 생후 몇 년간은 말 그대로 아이의 생사여탈권이 모두 부모에게 있다. 갓 태어난 아기는 자신의 운명을 송두리째 부모에게 내맡긴 상태다. 물론 네 살, 열 살이 되어도 사정은 크게 달라지지 않는다. 그만큼 아이에게 부모와의 애착은 죽느냐 사느냐를 결정하는 중대사다. 아이는 무의식적으로 이런 사실을 간파하고 자신의 안위를 고민한다.

　이 걱정은 아이에게 너무나 중대하기 때문에, 살기 위해서라도 무조건 부모가 착하고 바른 사람이라고 생각한다. 특히 주변에 다정한 조부모나 그 밖에 애착 욕구를 채워줄 다른 성인이 없다면 이 경향은 더욱 강화된다. 그래서 부모가 형편없는 사람이어도 이상적인 존재로 승화하고, 불미스런 사건이 일어나도 자신이 잘못을 떠맡는다. 부모가 훌륭해야 자신이 애착을 형성하는 데 논리적으로 모순이 없다고 여기는 까닭이다.

만약 부모가 자신에게 가하는 부당 행위를 일일이 알아차리고 인지한다면 아이의 마음속에는 걷잡을 수 없는 분노가 치솟을 것이다. 하지만 화를 내서 어쩌겠는가. 부모에게서 분리하여 애착을 해제하는 순간 곧 파멸이다. 이런 상상만으로도 아이는 끝 모를 죽음의 공포를 경험하며 막막한 죄책감에 휩싸인다. 아이한테는 심리적인 안전을 지키기 위해서라도 반드시 애착이 필요하다. 그러니 그 분노는 부모를 향해서는 안 된다. 설사 부모에게 화가 난다 하더라도 잠시일 뿐, 궁극적으로는 화를 자기 스스로나 주변 다른 아이에게 돌리는 것이 낫다.

배은망덕해서는 안 된다는 강박

부모에게서 근원적으로 상처입고 억압받은 사람은 종종 자기증오에 빠진다. 이들은 부모에게 당한 비하를 스스로에 대한 자아상안에 결합시킨다. 이 자기증오에서 풀려나기 위해서는 부모가 자신에게 얼마나 부당한 행위를 했는지 인식해야 한다. 하지만 이 인식은 위험하다. 자신을 키운 부모에게서 등을 돌리는 것 말고 달리 해결 방법도 없다. 이들은 차라리 자기증오를 끌어안은 채 부모와의 끈을 유지하는 편을 택한다. 그래서 부모에게 정당성을 부여하고 죄는 자신이 떠안기로 한다. '아버지가 나를 흠씬 두들겨 패긴 했지만, 어쨌든 내가 맞을 짓을 한 건 사실이잖아!' 이런 자기암시를 반복하며 부모에게 향해야 할 분노의 화살을 스스로에게 돌린다. 그러나 이런 식으로 부모와의 관계를 유지하는 대가는 혹독하다. 평생 지워지지 않는 자기증오와 그것에 뒤따르는 자기파괴적인 결과뿐이다.

부모가 자식을 혼란에 빠뜨리는 상황도 곧잘 벌어진다. 이 세상에 마냥 나쁘기만 한 부모는 거의 없다. 부모는 아이에게 잘못하는 만큼 베풀기도 한다. 어쨌든 한 사람을 먹이고 입혀서 키운 공이 없지 않다. 너무 가혹하고 엄격하긴 했지만 내가 잘되길 바라는 마음에 그런 것일지도 모른다! 어른이 된 아이 입장에서는 이렇게 배은망덕해서는 안 된다는 강박 때문에 부모가 실제로 어떤 행동을 했는지 일일이 떠올리고 인정하기가 더욱 어렵다.

언젠간 모든 걸 되돌리고 관계를 회복할 수 있다는 굳건한 희망 때문에 부모에 대한 미련을 놓지 못하는 사람도 있다. 이들은 부모의 인정과 사랑을 얻기 위해서라면 언제, 무엇이든 마다하지 않는다. 내가 만난 어느 60대 기업 중역은 아직도 85세가 된 노모에게서 따뜻한 인정의 말 한마디를 듣기를 간절히 기다리고 있었다.

부모 양쪽 모두와의 관계가 가망이 없을 때 부모를 왜곡해서 인지하는 현상은 더 정도가 심해진다. 부모 중 한 사람과의 관계만 아이를 힘들게 하는 경우라면 나머지 호의적인 한 사람에게 더 강한 애착을 형성하면 된다. 한 쪽이라도 의지할 수 있다면 아이는 안전함을 느끼고, 자신을 불안하게 하는 다른 쪽을 마음속으로 거부하고 선을 그을 수 있다. 예컨대 늘 윽박지르는 아버지와 달리 어머니는 따뜻하게 대해준다면, 아이는 당연히 어머니에게서 아버지와의 심리적 거리를 확보할 안정적인 기반을 마련할 것이다. 다만 한부모 자녀일 경우 조부모 등 다른 친밀한 양육자가 없으면 이런 회피와 우회의 전략을 사용하기 어렵다.

자존감에 아주 깊고 치명적인 상처를 얻은 사람들 중에는 부모를 향한 복수심 때문에 애착을 놓지 못하는 경우가 있다. 심지어 부모가 세상을 떠난 후에도 이 애착은 지속된다. 이들은 무의식적으로 부모에 대한 분노 행동을 표출하고, 부모가 틀렸으며 결국 실패했다는 걸 입증하기 위해 자신의 인생을 망가뜨리는 방법을 택한다. 이들은 무의식적으로 부모에게 보복하려고 일부러 불행해지고 실패를 반복한다. 그로써 부모가 자식 교육에 실패했다는 걸 증명하기 위해서다. 이들은 자식이 행복하게 사는 모습을 보고 부모가 자신들이 취한 양육 노선이 결국 옳았다고 주장할 근거를 제공하길 거부한다. 이들의 마음속 깊은 곳에는 자신에 대한 증오와 미움 또한 단단히 도사리고 있다. 이런 의도적인 자기태만과 자기파괴적 행위에는 혐오스런 자신을 벌주겠다는 목적이 다분히 있다.

상담을 하다 보면 자신의 유년기 경험이 인생 전반에 그토록 광범위하게 영향을 끼친다는 사실을 좀처럼 받아들이지 못하는 사람들이 참 많다. 유년기는 그냥 유년기에서 끝내고 싶기 때문이다. 자기가 지금 처한 문제에 굳이 부모를 결부시키는 것도 거북해한다. 그들은 이렇게 말한다. "하지만 난 지금 이렇게 컸잖아요. 내 일은 나

스스로 결정할 줄 안다고요."

　전혀 틀린 말이 아니다. 하지만 바로 그 결정을 어떻게 내리고 무엇을 선택할지, 어떻게 생각하고 느낄지 크게 좌우하는 것이 바로 우리의 어린 시절 경험이다. 그런데 유년기 경험의 영향력이 그토록 큰 이유는 대체 무엇일까? 그것이 우리의 두뇌가 발달하고 완성되는 과정에서 일어난 초창기 학습 경험이기 때문이다. 아직 뇌가 모양을 잡는 어린 시절 동안 보고 들은 것이 두뇌 안쪽에 깊이 각인되는 것이다.

　연구에 따르면, 공감에 서툰 부모를 둔 아이의 뇌는 공감을 잘하는 부모를 둔 아이보다 거울신경세포가 덜 생성된다고 한다. 거울신경세포는 다른 사람의 심경을 헤아리고 공감하는 능력을 좌우하며 이 세포가 많을수록 공감 능력도 뛰어나다. 비교적 이 세포가 적은 경우, 타인에게 공감하는 일이 힘들고 남의 마음을 짐작하는 데도 어려움을 느낀다. 이런 생물학적인 공감 능력이 결핍되면 오직 이성과 논리를 통해 보완하는 수밖에 없다. 다시 말해, 공감이라는 감성이 작동하지 않아서 생기는 결손 부분을 논리와 이성을 작동시켜 균형을 맞추는 사태가 벌어지는 것이다. 단지 거울신경세포라는 뇌 구조 하나가 부족하다는 이유로 말이다. 이처럼 학습 경험 자체가 우리의 뇌 구조를 변화시키고 결정하며, 그로 인해 우리의 심리적 하드웨어는 물론 소프트웨어도 달라진다.

부모 역시 삶이 쉽지는 않았다

이 지점에서 한 가지 짚고 넘어가야 할 것이 있다. 앞서 말한 '힘든' 부모들은 그 자신부터가 무척 문제가 많은 환경에서 성장했다. 진심으로 악의를 가지고 잘못된 양육을 행하는 부모는 거의 없다. 대부분은 아이에게 너무 버거운 요구를 한다는 걸 모르거나 자신도 무슨 짓을 하는지 의식하지 못하는 경우가 많다. 어린 시절에 각인된 기억을 잘 이해하기 위해서는 자신에게 부모가 어떤 역할을 했는지 정확히 조명할 필요가 있다. 하지만 부모가 어쩌다 그런 문제를 갖게 되었는지 알려면 그들의 어린 시절을 살펴보는 것도 중요하다.

다만 여기서 다시 한 번 개인의 자기성찰, 즉 자신의 약한 부분과 강한 부분을 스스로 자각하는 것이 무엇보다 중요하다는 점을 강조하고 싶다. 나는 그 무엇보다도 자기인식이 선행되고 나면 다른 행동을 선택할 수 있다고 확신한다. 자신과의 진솔한 대면을 통해서만 스스로를 있는 그대로 이해할 수 있다. 그런 이후에야 비로소 타인도, 부모도 이해가 되고 그들의 행동을 제대로 파악할 수 있다.

"내 사랑을 원한다면,
내가 하라는 대로 해"

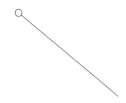

　엄마, 혹은 주양육자와의 경험이 변화무쌍하고 일관되지 않은 아이는 안정적이지 못한 애착 방식을 형성한다. 그래서 아이가 지나치게 엄마에게 매달리거나, 반대로 엄마와의 친밀감을 거부하며 엄마를 밀어내기도 한다. 심리학자 킴 바솔로뮤Kim Bartholomew는 이런 애착을 '불안정 집착형 애착'과 '불안정 회피형 애착'이라고 불렀다. 혼동을 피하기 위해 밝힌다면, 이 용어 체계는 심리학자 애인스워드Mary Ainsworth나 보울비John Bowlby의 애착 이론과는 다르다.

　어릴 때 불안정한 애착 방식을 습득한 사람은 자존감 문제를 겪는 것이 일반적이다. 이들에게는 기초적 신뢰와 확신이 결여되어 인간관계에 자신이 영향력을 행사할 수 있다고 믿지 못한다. 또한 부모가 보이는 잘못된 태도 탓에 자신이 있는 그대로 수용되었다는 느낌을 갖지 못하고, 성장해서도 자신의 '진짜' 모습만으로는 사랑받을 자격이 없다는 생각을 마음 한켠에 품고 살아간다.

이 경우 아이는 부모의 사랑을 조건부로 인식한다. 가장 흔한 조건부 애정은 이렇다. '공부 열심히 해서 좋은 성적을 올려야 해.' 그나마 아이가 이런 조건을 어느 정도 예상할 수 있고 이를 충족시킬 가능성이 있으면 다행이다. 아이를 더욱 힘들게 하는 상황은, 엄마나 아빠의 기분과 그날 일진에 따라 애정의 조건이 죽 끓듯 변할 때다. 조건이 무엇인지 예측하기 힘드니 그것을 만족시키는 것부터가 불가능하다.

두 경우 모두 부모의 태도 아래 깔린 암시는 이렇다. '내가 너를 사랑해주길 바란다면, 내가 하라는 대로 해!' 이런 부모가 내리는 벌은 사랑을 취소하거나 그렇게 하겠다고 위협하는 것이다. 이렇게 자란 아이는 어른이 되어서도 사람들의 기대에 잘못된 태도로 대응하게 된다. 남들의 요구에 과도하게 순응하거나, 반대로 과격하게 차단하고 거부한다. 전자는 지나치게 조화를 강조하고 모두의 마음에 들려고 안간힘을 쓰는 쪽이고, 후자는 다른 이들의 기대를 지독하게 혐오하면서 남한테 지배당하지 않겠다는 강박이 심한 쪽이다. 그 때문에 후자는 의식적으로든 무의식적으로든 그 기대를 충족시키지 않는 데 모든 에너지를 쏟는다. 두 경우 모두 자신의 생각과 느낌을 적절하게 표현하는 법을 배우지 못해서 일어나는 행동 방식이다.

남들의 기대에 어긋나게 행동하는 사람들은 한마디로 청개구리 같다. 이들에게 오른쪽에 꽃병을 놓아달라고 말하고 싶다면, "부탁인데 꽃병을 왼쪽에 놔줄래?"라고 말해야 한다. 이런 청개구리 과에는 앞서 말한 욱하는 유형도 포함된다. 이들은 대부분 무의식적이긴 하지만 남들에게 의존하고 싶지 않고 누구에게도 무시당하지 않겠다는 욕구가 강하다. 별 뜻 없이 건넨 부탁도 이들에게는 '명령'으로 오해되고, 강력히 저항해야 할 사건이 되기도 한다. 청개구리들이 이렇게 하는 이유는 어린 시절 부모들이 야기한 고약한 혼란에서 자신을 철저히 분리하고 보호하는 습관이 몸에 배어 있기 때문이다. 평화주의자들이 순응이라는 카드를 선택한 것과는 달리 거역이라는 카드를 택하기로 한 것이다.

불안정하게 애착이 형성된 사람들 중에는 싫으면서도 어쩔 수 없이 순응하기도 하고 반항적으로 거역하기도 하는 식으로 둘 사이를 왔다 갔다하는 이들도 있다. 그리하여 이들은 대부분의 상황에서, 특히 중요한 결정을 내려야 하는 순간이 되면 수락을 해도 마음이 불편하고 거절을 해도 마음이 불편하다.

///

자존감보다 의존감을 키우는 집착형 애착

매달리는 애착 유형을 경험한 아이는 부모와의 관계가 매우 변덕스럽고 예측 불가능했을 것이다. 부모의 태도 역시 그때그때 기분에 따라 달라졌을 것이다. 아이 입장에서는 부모의 행동을 믿을 수도 예측할 수도 없다. 지금은 다정하고 내 마음을 알아주는 것 같다가도, 조금 있으면 금세 태도가 돌변해서 나를 밀어내거나 벌컥 화를 내기도 한다. 아이는 부모가 어떤 상황에서 어떻게 행동할지 도무지 가늠이 안 된다. 그냥 그날 기분에 따라 엄마 아빠의 태도가 수시로 바뀌기 때문이다.

아이 입장에서는 부모의 기분이 어떤지 끊임없이 파악하고 지금 내게 뭘 바라는지 알아맞히느라 쉴 새 없이 바쁘다. 그래야 부모가 자신에게 상냥하게 대해주거나 적어도 혼내거나 벌주지 않을 테니까. 이쯤 되면 아이는 부모 기분을 알아맞히는 데 도사가 되고, 그 기분에 따라 착착 알아서 행동한다. 그렇게 부모에게만 집중하면 다른 주변 일에는 관심을 가질 여유가 사라진다. 안정적으로 애착이 형성된 아이들이 부모를 안전기지로 삼아 주변을 탐색하고 관심 영역을 넓히는 것과는 사뭇 대조되는 모습이다. 아이는 부모의 기분을 살피고 통제하기 위해서 자신의 시야 안에 확보하는 게 더 급하다. 자연히 아이의 자율성과 독립성은 발달하지 못하고 의존감만 점점 커진다.

이런 아이는 부모의 기분 저하가 자기 책임이라고 믿기 때문에 자존감이 낮아질 수밖에 없다. 모든 아이들은 부모가 역정을 내면 일단 자신한테 책임이 있다고 믿는다. 아이들 시각에서 어른은 '완벽한' 존재이기 때문이다. 그래서 이 유형의 애착을 경험한 아이들은 상대적으로 항상 자신이 뭔가 모자라고 문제가 있다는 관념에 사로잡힌다. 부모가 이랬다저랬다 하는 것도 자신의 잘못으로 믿고, 부모를 무조건 우러러본다. 이 아이들에게 부모는 감히 흠잡을 수 없는 신성불가침의 존재다. 심지어 부모가 자신은 절대적 존재이고 아이는 아직도 한참 모자란 존재라는 걸 암시하면서 의도적으로 자신을 신성화하는 경우도 있다. 이때 아이에게는 '나는 괜찮지 않고 너는 괜찮다 I'm not okay, you are okay'라는 유형의 내적 태도가 생겨난다.

이렇게 자리 잡은 내적 태도는 어른이 되어서도 강하게 작동한다. 이미 자라서 성인이 되었는데도 여전히 남들의 동의와 승인을 받으려고 애를 쓴다. 항상 남들이 말하지 않은 신호까지도 간파하려고 촉각을 곤두세우며, 시키지도 않은 일을 얌전히 처리하고 알아서 충성을 바친다. 외면당하거나 버림받는다는 건 이들에게 생각조차 하기 싫은 재앙이다. 자신이 착하지도, 괜찮지도 않다는 뿌리 깊은 의심에 확정 판결을 내리는 일이기 때문이다. 어릴 때 안정적인 애착을 형성한 사람이라 해도 이런 절망에서 완전히 자유로운 것은 아니다. 이들 역시 실패를 겪으면 어떤 점에서 남들의 기대를 충족하지 못했는지 고민한다. 그리고 자존감에 상처를 입고 고통스러워한다.

우리가 주목할 점은 살면서 한 번이라도 절망이나 자존감 손상을 겪었느냐 아니냐가 아니다. 사람마다 어떤 규모와 어떤 강도로 그것을 겪는지의 차이가 각기 다른 삶을 살게 하는 분수령이 된다는 사실이다.

인간관계에 대한 불신을 야기하는 회피형 애착

회피형 애착 패턴이 내재화된 사람은 어렸을 때 애착 욕구가 여러 모로 좌절되었던 경험이 있다. 그래서 부모에게 매달리는 대신 차라리 멀어지는 길을 선택한다. 이들은 어른이 되어서도 가까운 관계를 꺼리고 힘들어한다.

이 경우 어린 시절에 부모가 냉담하고 밀어내는 태도를 보였을 가능성이 높다. 심지어 아이를 조롱하고 억압하거나 학대했을 수도 있다. 이런 부모 밑에서 자란 아이는 유년기의 첫 경험이 외면과 무시로 시작된다. 갓난아기나 유아에 불과한 작은 존재는 이 세상에서 환영받았다는 감정을 체험하지 못한다. 이 결핍감은 이후에도 계속되어 버림받을지도 모른다는 강력한 불안을 경험하게 된다. 결국 자존감은 엉성해지고 인간관계에 대한 불신은 뿌리깊이 자리 잡는다. 이들이 자신과 타인에 대해 갖는 태도는 그래서 '나는 괜찮지 않다. 너도 괜찮지 않다 I'm not okay, you are not okay'이다.

이들의 마음속에는 애정에 대한 굶주림이 요동친다. 지금이든 나중이든 자신은 반드시 버림받을 것이라는 뿌리 깊은 불신 또한 가슴속에 도사리고 있다. 때문에 누구를 만나도 속을 터놓을 수 있는 관계로 선뜻 발을 들여놓지 못한다. 이들은 항상 의심이 많다. 연인을 사귀어도 거리를 좁히지 못하고 자꾸만 친밀성으로부터 달아난다. 정말 행복해질 수도 있다는 희망과 자신에게 끝내 행복 따위는 없을 거라는 체념 사이에서 분열이 생기고, 연인과의 사이는 좁아졌다 멀어졌다 불안한 파도같이 출렁댄다. 연인이 있어도, 연인이 없어도 이들에게 삶은 답답하고 불안하다. 이들의 자존감은 부서지기 쉬운 구조물처럼 연약하여 자주 상처받고 고통에 시달린다.

아이를 숨 막히게 하는 부모의 애착

아이를 너무 약하게 키우고 지나치게 끼고만 살려는 부모 역시 아이의 자존감을 약하게 만들 수 있다. 부모가 아이를 깊이 사랑하긴 하되 자유를 허락하지 않아 갑갑함을 느낄 정도라면, 아이에게는 자주성이 생기기 어렵다. 이런 부모는 아이가 자기에게서 멀리 떠날까 봐 조바심을 낸다. 부모가 친밀성에 대한 갈망을 채우고 싶어서 아이를 가급적 가까이 두려는 것이다. 아이가 독립을 시도하고 자기만의 삶을 꾸리려 노력하는 것도 이런 엄마 아빠에게는 떠나려는 의도로 비친다. 그래서 아이가 자신에게서 거리를 두면 슬퍼하고 실망하는 기색을 보인다. 아이는 그 반응을 보고 마음속에 죄책감을 느끼며 '자발적으로' 부모 곁으로 돌아온다.

어떤 부모는 아이와 단 둘만의 관계를 독점하려고 대놓고 이런저런 요구를 하고 금지사항을 내건다. 또 어떤 부모는 위의 전략들을 섞어서 쓰기도 한다. 어쨌든 아이는 부모를 실망시키거나 화나게 하지 않으려면 부모한테서 떨어지면 안 된다고 믿는다. 그리하여 자기 결정권을 획득하고 독립된 자아를 형성하며 부모에게 의존하지 않고 혼자 힘으로 인생을 구성하고 싶어 하는 아이의 욕구는 좌절되고 만다. 결국 아이는 자신의 욕구를 알아차리거나 표현하는 법을 익히지 못하고, 부모에게 대항해 스스로를 항변하는 것도 어려워진다. 자기 욕구를 일부러 억누르는 동시에 그 욕구와 바람을 실행할 능력마저 제한받다 보니 아이의 자존감은 낮아질 수밖에 없다.

죄책감이 가장
견디기 힘들다

아이들 중에는 부모가 사랑을 조건으로 어떤 행동을 요구하거나 갖가지 기대를 표현할 때, 거리를 둔다거나 순응하기보다 정면으로 반항하고 반발하는 부류가 있다. 이런 아이는 부모의 요구를 고려하지 않으며 일찌감치 홀로서기를 시도한다. 혹은 권한을 쥔 엄마 아빠가 통제하는 집안에서만 말 잘 듣는 아이 행세를 하다가 밖에서는 하지 말라는 행동과 극단적인 반항을 일삼는 경우도 있다.

아이가 고분고분하게 행동할지, 아니면 반항을 선택할지는 타고난 기질에 의해 좌우되지만 가족 내 구성원과 구조에 의해서도 영향을 받는다. 부모 중 한 사람이 혼자 아이를 키우는 집이라면, 적어도 어릴 때 혹은 그 이후에도 유일한 양육자이자 보호자에게 반항하는 것은 거의 불가능하다. 이렇듯 편모나 편부가 키우는 외동 아이는 형제자매가 있고 다른 어른이 있는 가정의 아이보다 의존적인 경향을 보이는 경우가 많다. 흔히 형제가 있는 아이들의 경우,

한 아이가 순응하고 복종하는 역할을 맡으면 다른 아이는 반항아 역할을 수행한다. 가정 내에서 아이들끼리 무의식적으로 역할을 나눠 갖는 것이다.

반항하고 거역하면서 자아의 경계를 지키고 스스로를 방어하는 아이는 나중에 커서 앞서 말했던 욱하는 유형으로 발전한다. 이들은 주변 사람을 비뚤어진 시선으로 바라보며, 타인 앞에서 공격적이다 싶을 만큼 강하게 행동한다. 사실 이들은 자신이 취급받기 싫어하는 방식대로 남들을 대할 때가 많다. 욱하는 사람이 자신이 품은 열등감 때문에(비록 스스로는 그 사실을 인정하지 않는다 해도) 저절로 상대를 올려다보고 그가 자신을 쥐고 흔들려 한다고 단정해버리는 탓이다.

평화주의자 역시 자신이 남들보다 아래라고 느끼며 상대가 권력을 쥐고 싶어 한다고 오해하는 경향이 있다. 하지만 이들은 이런 인식을 공격적으로 표출하지는 않으며 워낙 조화로움에 대한 강박이 있는 탓에 욱하는 유형만큼 회의적이거나 악의적으로 행동하지는 않는다. 오히려 실제로 존재하는 갈등을 못 본 척한다거나 자신이 직접 대결 구도에 들어가는 것을 피하려 어떻게든 사태를 얼버무리려고 애쓰는 편이다. 그에 비해 욱하는 유형은 대립 구도 안으로 물불 안 가리고 뛰어든다.

혼란에 빠진 아이는 불안하다

아이가 기대에 어긋나는 행동을 했을 때 부모가 실망으로 반응하는 양육 방식 역시 자존감 문제로 이어질 개연성이 매우 높다. 아이 입장에서는 부모가 실망하는 것보다 차라리 화를 내는 편이 낫다. 부모가 슬퍼하면 아이는 죄책감을 느낀다. 죄책감이야말로 아이에게 견디기 힘든 감정이다. 차라리 적당히 '꾸지람'을 듣는 편이 더 낫다. 부모가 분통을 터뜨리면 아이도 똑같이 부모에게 화를 내면서 둘 사이에 선을 긋고 거리를 유지할 수 있다.

반면 죄책감을 유발하는 방식으로 키운 아이는 부모에게서 스스로를 분리해내지 못한다. 부모의 기쁨과 슬픔, 행복이 모두 자기 책임이라고 느끼는 탓이다. 또한 부모가 약하고 가엾다는 생각이 들어 더욱 심하게 밀착한다. 이런 과정에서 아이는 타인의 기분과 심리 상태에 유난히 자신의 책임을 느끼는 관계 패턴을 받아들이게 된다. 그래서 어른이 되어서도 남들에게 연신 사과해야 한다는 의무감에 시달리고, 자기 행동에 곧잘 수치심을 느낀다. 너무 쉽게 어릴 때부터 남을 실망시키는 사람이라는 인식에 노출되었고, 부족하고 못난 존재라는 얘기를 듣고 자란 탓에 자연스레 자존감이 낮아진 것이다.

스스로 안 좋은 본보기를 보여서 아이를 불안하게 만드는 부모도 있다. 예컨대 부모가 인생을 바라보는 태도가 매우 불안해도 그렇다. 아이는 부모를 따라 하고 부모를 기준으로 삼기 때문에 부모의 강한 불안은 부지불식간에 아이에게 전이된다. 부모가 사회적 접촉을 꺼리고 소심한 편이라면 아이 역시 이것을 받아들인다. 아이가 실망하고 힘들어할까 봐 미리부터 남들을 믿지 말고 항상 경계하라고 주의를 주는 부모도 있다. 마찬가지로 부모의 과잉 불안이 아이에게 저절로 학습되고 전이되는 셈이다.

너무 관심을 주지 않아도 아이가 불안을 느끼지만, 부모가 지나치게 칭찬 일색이어도 아이는 자존감이 약해질 수 있다. 아이에게 자부심을 심어주고 싶다는 좋은 의도로 별것 아닌 일에도 수시로 아이를 추켜세우고 침이 마르게 칭찬하는 부모 역시 아이의 심리적 기반을 오히려 약하게 만들 수 있다. 과잉 칭찬에 노출된 아이는 늘 자신에게 관심이 집중되고 인정받는 데만 익숙하기 때문에 쉽게 우쭐해지고 자신을 과대평가한다.

그러나 가정을 벗어나는 순간 이 아이는 적응 장애에 부딪히고 만다. 집 바깥의 평가 기준은 아이에게 익숙한 한없이 너그러운 잣대와 거리가 멀다. 아이는 혼란을 겪고 어느 기준에 자신을 맞춰야 할지 몰라 당황스럽다. 무엇이 잘하는 것이고 무엇이 잘 못하는 것일까? 혼란에 빠진 아이는 스스로를 과대평가하거나 과소평가하는 양극을 오가며 자존감 불안에 시달리기도 한다.

나르시시스트의
두 얼굴

    어떤 이들은 이미 어릴 때부터 자기회의를 억제하기 위해 무의식 속에서 나름대로 전략을 마련한다. 무조건 최고를 지향하는 것이다. 이들은 자신도 모르게 마음속에 '큰 자아'를 만들어내고 '작은 자아'를 억누르는 임무를 맡긴다. 작은 자아란 이들 마음속에서 건강하게 자라지 못한 낮은 자존감이다. 큰 자아는 허술한 자존감을 인정하지 않으려고 무슨 일이든 완벽을 추구한다. 그로써 작은 자아에게 자신이 얼마나 가치 있는 존재인지 입증해 보이려 애쓴다.

    그렇다. 나르시시스트들의 이야기다. 나르시시스트는 마음 저 깊은 곳에서 자신이 무가치하고 왜소하다고 느낀다(작은 자아). 그러나 한편으로는 안간힘을 다해 그것을 뒤바꾸려 노력한다(큰 자아). 그래야 나르시시스트 본인의 불안을 전혀 눈치채지 못하기 때문이다. 이들이 자신의 자존감을 대하는 태도는 이중장부를 쓰는 듯하며, 나르시시스트 특유의 양가적인 모습이 두드러진다.

작은 자아와 대면하지 않기 위해 나르시시스트는 뭔가 특별하고 대단한 존재가 되고자 애쓴다. 중간은 아예 고려 대상이 아니다. 대단한 무언가를 이루기 위해 이들의 큰 자아는 두 가지 노선을 취한다. 첫째, 자신의 능력과 겉으로 드러나는 것들(외모, 재산, 자격 등)을 최고 수준으로 끌어올리기 위해 한시도 쉬지 않고 이 모든 것을 갈고닦으며 관리한다. 둘째, 남들을 가차 없이 깎아내린다. 나르시시스트 본인이 자신의 약점을 배척하듯이 남들에게 있는 약점 역시 혹독하게 배척한다. 자기한테든 남한테든(연인이나 배우자에게는 말할 것도 없고) 그 어떤 약점도 용납하지 않는다. 마음 깊숙한 곳에서 느껴지는 자신을 향한 비하와 폄훼를 타인에게 그대로 투사하는 것이다.

특히 가장 가까이 있는 사람일수록 이 투사는 강하게 나타난다. 그러다 보니 배우자나 연인은 항상 나르시시스트의 가치를 더해주어야 할 임무를 갖게 된다. 나르시시스트는 배우자나 연인을 연장된 자아처럼 느끼기 때문에, 무슨 일이 있어도 그들이 자신의 얼굴에 먹칠하지 못하도록 통제한다. 연인의 실수나 잘못은 결국 나르시시스트 본인에게 타격을 입힌다. 나르시시스트들은 약점을 지독히도 경멸한다. 약점은 이들을 격노케 한다.

나르시시스트들은 자기 약점은 물론이고 배우자나 연인의 약점까지 엄청나게 확대해서 인지한다. 이들이 일단 약점을 인지한 순간, 사태는 걷잡을 수 없어진다. 배우자(혹은 다른 중요한 주변인)의 약점이 워낙 크고 강하게 인지되기 때문에, 나르시시스트들은 자신에게 상대방을 호되게 비판하고 야단칠 권리가 있다고 결론을 내려버린다. 상대방은 나르시시스트의 불같은 공격 세례를 그대로 받아내야 한다. 이 공격성은 나르시시스트가 스스로를 혹독하게 멸시하고 억압하는 데서 튀어나온다. 처음부터 이들은 마음속 깊이 자리해온 자기공격성을 철저히 의식에서 밀어내기만 했기 때문에, 갈 곳을 잃고 탈출구를 찾던 이 감정은 타자를 향해 분출된다. 이때 상대방에게 주는 상처와 모욕감은 사실 따지고 보면 나르시시스트가 그토록 회피하고 거부해왔던 상처와 정확히 일치한다. 자신이 결코 경험하고 싶지 않았던 바로 그 고통을 상대에게 무의식적으로 가하는 것이다.

///

화려한 얼굴 뒤에 숨은 작은 어린아이

나르시시스트가 타인을 멸시하는 데에는 사실 다른 이유도 숨어 있다. 상대를 끌어내리면 자신이 올라갈 수 있기 때문이다. 나르시시스트들은 유난히 우월감을 느끼고 싶어 안달한다. 그냥 인정받는 정도로는 성이 안 찬다. 만인이 경탄하고 숭배해주기를 갈망한다. 이들은 작은 자아가 보여주는 비참한 자기비난을 가장 두려워한다. 그러니 자신도 모르게 젖 먹던 힘까지 짜내어 작은 자아를 통제하려 든다. 전략적으로 보더라도 자신이 남들보다 뛰어나다고 느껴야 일이 쉬워진다. 강도 높은 우월감만이 나르시시스트를 비로소 안심시키기 때문이다. 그래서 자연스레 완벽주의가 나르시시스트들의 무기가 된다.

　나르시시스트는 자신을 비롯해 남들 모두와 격투를 벌인다. 다른 사람이 뭔가 잘하는 것을 보면 위협감을 느끼며, 특히 자신과 분야가 일치하면 긴장은 더욱 고조된다. 나르시시스트들은 끊임없이 나와 남을 비교하고 항상 경쟁에 대한 압박감을 안고 산다. 특히 중증 나르시시스트는 함께 있기 불쾌할 정도다. 이들과 좋은 사이를 유지하기란 거의 불가능하다. 배우자나 상사로 인연을 맺는다면 그야말로 최악이다. 이들은 잠시도 쉬지 않고 자신의 위대함과 탁월함을 과시하는 한편, 상대방은 왜소하고 열등하다는 인식을 연신 심어준다. 그러나 중증 나르시시스트들의 화려한 얼굴 뒤에는 작고 의기소침하며 불안에 떠는 어린아이가 숨어 있다는 사실을 기억한다면? 처음에는 동의하기 어렵겠지만 조금이나마 이들을 이해할 수 있을지도 모른다. 어쩌면 연민이 느껴질 수도 있다. 이들과 소통할 때는 그 점을 계속 머릿속에 떠올리면서 마음속의 '방어막'을 가동시킬 것을 권한다.

　행여 큰 자아가 문제를 일으키면 나르시시스트는 심각한 위기에 봉착한다. 실수를 저지르거나 엄연한 패배를 맞닥뜨리는 순간 나르시시스트의 큰 자아는 일순에 무너지고 그동안 한쪽에 찌그러져 있던 작은 자아가 드디어 수면 위로 얼굴을 드러내고 말한다. "넌 망했어! 처음부터 내가 그랬잖아, 응? 입이 붙기라도 했냐, 찍소리도 못하게? 그러게 그 주둥아리 좀 그만 놀렸어야지. 잘난 척만 하는 정신 나간 놈. 내가 늘 말하지 않았어? 넌 절대 못 해낸다고."

나르시시스트는 철저히 절망한다. 모든 것이 완전히 틀려버렸다는 공포가 그를 삼켜버린다. 평소에는 그토록 치밀하게 입을 막고 구석으로 밀어놓았던 작은 자아가 성난 파도처럼 역습해온다. 나르시시스트는 다시 일어서기 위해 옛 전략을 다시 집어 든다. 큰 자아를 다시 움직여 성공의 경험을 생산하고 방금 겪은 패배를 의식 아래로 밀어내기 위해서다.

우리 안에는 나르시시스트가 살고 있다

사실 우리 안에는 나르시시스트가 살고 있다. 정도의 차이만 있을 뿐, 사람이라면 누구나 이 성향을 가졌다. 세상에 인정과 성공을 반기지 않을 사람이 어디 있겠는가? 실패를 겪고서 의기소침하지 않을 사람이 어디 있겠는가? 아직 송두리째 체념하지 않은 사람이라면 어느 누가 새로운 성공으로 실패의 경험을 지워버리고 싶지 않겠는가? 자신에 대한 회의를 될 수 있는 한 드러내지 않으려 갖은 애를 써보지 않은 사람이 어디 있을까? 심장이 멎을 만큼 아름다워지거나 천부적인 재능을 갖고 싶다는 꿈을 태어나서 한 번도 꿔보지 않은 이가 과연 있을까?

나르시시즘은 누구나 갖고 있을 법한, 다만 심각한 불안으로 인해 스스로에게 처방해준 과대평가라고 보면 맞을 듯하다. 그보다 정도가 작긴 하지만 보통 사람들 역시 자존감의 균형을 유지하기 위해 거의 매일 나르시시즘의 모든 전략을 사용하며 산다고 해도 과언이 아니다.

중증 나르시시스트가 비호감인 이유는 따로 있다. 자기 외에 다른 사람들을 모조리 깔아뭉개는 습관 때문이다. 나르시시스트 성향이 심하지 않은 사람은 성공의 결실이나 인정을 독식하는 정도에서 만족한다. 물론 기회만 있으면 기꺼이 다른 사람을 비판하지만, 중증 나르시시스트처럼 노골적이거나 깊숙한 곳을 건드리지는 않는다. 정도가 가벼운 나르시시스트는 남을 비하하고 싶은 충동을 지속적으로 느끼지 않으므로, 이들과 대인 관계를 맺기는 그다지 불편하지 않다. 나르시시스트 성향을 가진 이들의 문제는 있는 그대로의 자기 모습이나 바라는 모습보다 허위의 이미지에 더 몰두한다는 점이다. 이들의 삶에서는 남들에게 자신이 어떻게 보일지가 제일 중요한 관심사이다. 한 인간으로서의 값어치는 타인이 매겨주는 평가에 따라 좌우된다고 믿기 때문이다.

정도가 심한 중증 나르시시스트라면 대체로, 한시도 긴장을 늦추지 못한다. 유지하던 방어기제를 놓치는 순간 삶을 포기할 위험도 매우 높아진다. 나르시시스트에게는 단 한 번의 실패도 인생의 근간을 뒤흔드는 일대 사건일 수 있기 때문이다.

엄밀히 말해서 자존감 문제가 있는 사람은 모두 조금씩 나르시시스트의 성향을 보인다. 자신이 가진 불안 때문에 지나치게 자기 일신 하나에만 집착한다는 사실만 봐도 그렇다. 그리고 행여나 마음속 불안이 탄로 날까 봐 부지런히 이것을 감춘다. 거듭 말하지만, 사람들은 대부분 누구나 겉으로는 잘나 보이고 싶고 어떻게든 결함이나 약점을 숨기려 한다. 매 순간 스스로에 대해 염려하고 불안해하며 자신을 방어하고자 수단을 강구하고 노력하는 행위는 근본적으로 보자면 나르시시즘과 일치한다.

"나는 괜찮다,
당신도 괜찮다"

양육 방식 외에 성장 환경과 배경 또한 우리의 자존감을 많이 좌우한다. 이런 요소를 가리켜 나는 '생애사적 자긍심'이라고 부른다. 물론 여기에는 자존감의 전반적 영역보다는 특정 영역이 결부되는 일이 많다. 예를 들어 수공업 종사자가 많은 집안에서 태어난 사람은 어릴 때부터 자연스레 자신도 손재주가 있을 거라는 내적 신념을 갖게 된다. 집안에서 대학 입학을 시도한 사람이 아무도 없는 학생이라면 교수 부모를 둔 동급생에 비해 대입 시험을 대하는 자신감이 떨어질 가능성이 크다.

한 개인이 생애사적 자긍심을 갖는 데는 해당 분야에 관련되었거나 그 개인이 지향하는 생활양식을 몸소 실천한 친인척 한 명만 있으면 충분하다. 굳이 부모가 아니더라도 삼촌, 이모 등 가족 안의 인물을 롤모델로 삼아 성장하고 발전하는 사람들이 많은 이유도 이 때문이다.

출신 가족 안에서 자신의 정체성을 찾는 현상은 보통 의식하지 못한 상태로 일어나지만 우리가 자기평가를 하는 데에 적지 않은 영향을 끼친다. 그래서 실제로 우리가 무엇을 감행하고 무엇을 포기할지를 결정할 때 큰 역할을 한다. 우리가 스스로의 자존감을 분석하다 보면 어디서 어떤 영향을 받았는지 종종 드러난다. 무엇인가를 감행할 용기가 클수록 사람은 더 많이, 더 잘 배운다. 그럴 때는 아무리 자기의심이 강해도 학습에 대한 의욕을 방해하지 못하기 때문이다.

가족 중에 아무도 음악적 재능을 보인 적이 없다면, 나 역시 악기 연주를 기꺼이 배울 가능성은 낮아진다. 음악적 재능에 대한 자기신뢰를 키우고 강화해줄 만한 본보기가 전혀 없기 때문이다. 부모들도 자신이 입증하지 못한 재능을 굳이 아이에게 장려하는 일은 별로 없다. 자신부터가 그 재능을 계발해보겠다는 상상을 해본 적이 없고, 다른 한편으로는 '애한테 그런 소질이 있겠어?'라고 단정해버리기 때문이다. 자신이 선택한 진로가 출신 환경에서 전혀 참고할 만한 본보기가 없는 분야라면 훨씬 부지런히 성공 경험을 쌓아야 한다. 그래야만 가까이에 참고 대상이 없더라도 자기 재능을 믿고 자신감을 확보할 수 있다.

자존감을 구멍 내는 원인은 제법 많다

지금쯤이면 어린 시절 주양육자의 양육 방식만 자존감 형성에 영향을 끼치는 것인지, 가족과는 무관한 다른 원인은 없는지 궁금해질 것이다. 물론 수없이 많은 다른 요인들도 자존감에 영향을 끼친다. 주변 사람들, 유전적 형질, 교사, 외부 환경 등 그야말로 각양각색이다. 그럼에도 부모가 가장 본질적인 부분을 차지한다는 사실은 변함이 없다. 예를 들어 학교에서 놀림과 괴롭힘을 당하는 아이가 있다고 해보자. 이때 부모가 충분히 이해하고 지지해주는 것과 배려도 소통도 하지 않는 것에는 큰 차이가 있다. 이 경우 자존감에 부정적인 영향을 준 것은 부모가 아닌 또래 집단이지만, 부모의 충분한 수용과 배려가 이 영향력을 한층 약화할 수 있다.

반대로 발달 과정의 다른 요소들이 부모의 태도에서 오는 부정적인 영향력을 일부 상쇄해줄 수도 있다. 가장 흔한 사례를 꼽자면, 할 일 많고 지친 엄마 아빠 대신 할머니가 아이에게 필요한 따스한 손길과 사랑을 흠뻑 쏟아주는 경우다. 또래 간의 위로, 교사나 다른 양육자가 건네는 격려와 관심도 굉장히 긍정적인 영향을 준다. 당사자인 아이 본인의 타고난 기질도 많은 것을 좌우한다. 내향적인 아이보다 외향적인 아이가 더 적극적으로 도움을 청하고 자기 감정을 표출하는 편이므로 문제를 극복하는 데 훨씬 유리하긴 하다. 외향적인 아이는 스스로 믿을 만한 사람을 찾아나서고 그런 사람을 만나면 비교적 스스럼없이 집에서 일어나는 일들을 공개하기 때문이다. 외부에 적극적으로 도움을 청하는 전략이 혼자 고민하고 침묵하는 것보다는 문제 해결을 더 쉽게 한다.

좋은 부모란 한 사람이 평생 간직할 수 있는 보호막이자 방탄복 같은 것이다. 아이를 힘들게 하는 부모란 평생 짊어져야 할 짐이요, 돌덩이다. 이 짐을 내려놓기 위해서는 부모와의 관계를 정면으로 대면하고 치밀하게 교정해야 한다. 물론 성인기에 이르러서도 한 사람의 자존감을 심하게 강타하는 일들이 일어날 수 있다. 업무 중에 목숨을 잃을 뻔하거나 극단적인 심리적 부담을 겪게 되면 아무리 다 큰 어른이라도 자존감이 심하게 손상된다. 대표적인 예가 외상 후 스트레스 장애posttraumatic stress disorder다.

이 증상은 압도적이고 큰 심리적 부담을 야기하는 경험을 한 다음부터 그와 관련된 심적인 반응이 장기간 이어지는 현상이다. 외상 후 스트레스 장애를 겪는 이들은 특히 불안, 공포, 우울, 신경과민에 시달리며 작은 일에도 쉽게 흥분한다. 외상성 경험은 남녀노소를 막론하고 일어난다. 당사자들은 외상으로 인해 자신이 막대한 위해를 입을 수도 있다는 인식을 갖게 되어, 자존감에 심각한 영향을 받는다. 이 경험은 이 세계가 자신이 안전하게 있을 수 있는 장소라는 믿음을 뿌리째 뒤흔든다.

마음속 내면아이를 돌아볼 시간

　현재 우리가 가진 인성의 핵심은 유년기 경험의 총합, 그리고 타고난 성향이 어우러져 마련된다. 이 인성의 핵심은 다시 마음속 '내면아이'를 통해 구체적인 성격을 얻는다. 이 책에서 언급되는 내면아이는 심리학에서 자주 쓰이는 비유이다. 이 개념을 가장 쉽게 이해하려면 정말 어린아이를 상상하면 된다. 사람마다 자기 마음속 내면아이가 몇 살인지 구체적으로 느낄 수 있다. 내면아이는 자존감의 한 형태이며 한 사람의 인생을 시종일관 동반하는 기본적인 감정선이다.

　이 감정선을 기준으로 우리는 때로는 위로, 때로는 아래로 감정이 변화하는 것을 경험한다. 예컨대 나의 내면아이는 네 살짜리로 제법 활발하고 의욕이 넘쳐나며 늘 즐겁다. 이 아이는 구체적으로 슬퍼할 일이 있을 때에만 슬픔을 느낀다. 자신을 신뢰하며 타인도 기꺼이 믿는다. 반면 이 아이에게는 혼자 있기 싫고 자기나 사랑하는 누군가가 죽을지도 모른다는 두려움도 있다. 내가 기본적으로 밝고 낙천적인 기분을 유지하는 것도 바로 이 행복한 어린 시절과 타고난 외향성에 기인한다. 이 기본 설정에서 나만의 쾌활함, 위험을 감수할 용의, 풍부한 의욕, 밝은 기분이 솟아난다. 어린 시절 안정된 애착 유형을 형성하면 '나는 괜찮다. 당신도 괜찮다I'm okay, you're okay'라는 관점으로 나와 타인을 바라보게 된다.

　힘든 어린 시절을 보낸 데다 유전적인 성향상 평소 고민과 걱정이 앞서는 사람이라면 어떨까? 이 세계에서 사는 것을 불안해하고 항상 외면당할까 봐 염려하는 내면아이가 마음속에 자리 잡았을 것이다. 이 아이의 기분은 기본적으로 어둡고 쉽게 상처받는 성격일 수 있다. 타인에게 다가가길 주저하며 자기주장을 할 엄두조차 내지 못할 수도 있다. 커서도 이 아이의 자아는 본인 혹은 내면아이를 어릴 때와 마찬가지로 여전히 작고 무의미하며 버림받은 존재로 인식할 것이다.

우리 안의 내면아이를 인식하는 주체이자 달라지고 성장한 나의 또 다른 일부, 즉 '내면어른'을 분리해서 바라보는 것도 매우 중요하다. 이 과정에서 우리가 해야 할 일이 무엇인지는 다음 장에서 자세히 다뤄볼 것이다.

그냥 마음 놓고
불안해하기

✦

"진짜 내 것이 아닌 것과 결별할 시간"

스스로 변화하기로 결심했다면, 인내심을 갖고
자신을 이해하며 공감해주는 것이 중요하다.
다시 말하지만, 자존감은 모든 심리의 진원지다. …
불안한 것은 나쁜 것이 아니다. 안 그런 척하면서,
스스로와 타인을 의식적이든 무의식적이든 해하는 것,
잘못된 방식으로 불안에서 탈피하려는 것이 나쁘다.
두려워서 아예 시도조차 안 하는 게 나쁘다.

자존감은 모든 심리의
진원지다

　자존감 훈련을 본격적으로 시작하기 전에, 우선 심리치료가 어떻게 진행되는지 잠깐 살펴보자. 심리치료는 한 사람에게 내재화된 프로그램을 당사자와 함께 찾아보고, 역시 그 사람과 공동으로 일종의 수정을 거쳐 기존 프로그램을 해체하거나 약화하는 것을 목적으로 한다. 이런 수정 과정은 대개 여러 수단과 방식을 혼용해서 이뤄진다. 예를 들어 자기인식과 타자인식을 변화시키는 일, 거기서 생겨나는 다른 감정과 사유 방식, 그리고 그것이 낳는 새로운 판단이 모두 수정 작업에 필요한 재료들이다. 이 책에서 나는 자신을 새롭게 인식하는 것부터 시작해 당신과 함께 심리치료의 과정을 하나씩 밟아보려 한다.

　앞으로 이어질 이야기는 무엇보다 자신에 대해 되도록 많은 것을 알아내고, 자기인식을 바꾸는 계기를 마련할 것이다. 간단한 훈련법도 종종 등장한다. 시간을 할애하여 이 훈련들을 진지한 자세로 반복하다 보면 얼마 되지 않아 달라진 자신을 보게 될 것이다. 또한 책을 읽으면서 자기인식뿐 아니라 주변 타인과 그들과의 관계를 바라보는 시각도 서서히 달라질 것이다.

자기인식과 타자인식이 달라지면 사고방식과 감정이 달라지고, 결국 당신은 이전과 다른 결정과 선택을 하게 된다. 우리가 보고 듣고 파악하는 것, 우리가 느끼고 생각하는 것, 그리고 거기서 연유하는 우리의 행동, 이것들은 서로 영향을 미치고 통제를 한다. 우리가 마음 안에서 일어나는 이 흐름을 잘 조망할수록 상호 작용을 조율하고 바꿀 수 있는 가능성도 높아진다. 그리고 마침내 우리의 자존감 역시 튼튼하고 건강한 모습으로 탈바꿈하게 될 것이다.

네 가지 차원, 네 가지 단계

이제 자존감을 강화하는 구체적인 도움말과 요령을 소개할 순서가 되었다. 이 도움말들은 네 가지 차원으로 구분되고, 각 차원에서 다음 네 단계에 따라 변화를 추구하게 된다.

1단계: 자신을 올바로 인식하기
2단계: 자신을 있는 그대로 받아들이기
3단계: 행동을 취하는 주체가 되기
4단계: 자기 감정 다루는 법을 배우기

맨 먼저 첫 번째 차원에서는 '자기수용'에 대해 이야기를 풀어나가려고 한다. 특히 자신과 우정을 맺고 스스로의 든든한 벗이 되는 법을 살펴볼 것이다. 말하자면 자신의 마음속에서 고향 혹은 안식처를 찾아내는 방법이다. 두 번째 차원은 '소통'에 대한 내용이다. 여기서는 적절한 방식으로 타인에게 자기 견해를 표현하고 주장하는 법을 다룰 것이다. 동시에 당신이 평소 쓰는 소통 방식에 숨어 있는 맹점을 찾아내고, 지금껏 대인 관계가 어려웠던 이유 중에 당신에게서 비롯한 것은 무엇인지 찾아내고자 한다. 세 번째 차원은 '행위'를 다룬다. 여기서는 삶을 더 능동적으로 설계하고 자기 결정권과 자기 책임을 누리고 수행할 수 있도록 안내할 것이다. 네 번째 차원에서 최종적으로 다룰 것은 '감정'으로, 자신의 느낌을 올바로 이해하고 더 적절히 조절할 수 있는 방법을 논의한다.

도움 영역을 기술하면서 나는 몸의 차원에 대해 자주 언급하려고 한다. 호흡, 몸의 자세, 감정 상태에 따른 몸의 감각 등이 그런 것들이다. 사람의 심리와 몸은 서로 밀접하게 연결되어 있다. 두려움이 커지면 온몸이 마비된 듯 느낀다. 몸이 마비된 것을 알면 다시 생각마저 강력하게 얼어붙는다. 내 몸이 마비된 것 같다고 지각하는 순간, 머릿속에는 '이젠 끝이야! 더 이상 못 견디겠어!'라는 생각이 저절로 떠오른다. 반대로 몸의 느낌을 지각하기도 전에 생각이 먼저 앞서기도 한다. 곧 찾아올 몸의 상태를 생각이 앞서 읽어내기 때문이다. '상사 앞에 가면 달팽이가 되어버릴지도 몰라!' 하고 상상 속에서 외치고 나면, 마치 마법에 걸린 듯 사지는 뻣뻣해지고 심장박동은 미친 듯이 거세진다.

한 사람이 오랫동안 지속적인 스트레스에 시달리면 심리적, 신체적 균형이 끝내 무너지고 만다. 만성 스트레스에 노출된 두뇌가 비정상적으로 작동하고, 코르티솔 등의 스트레스 호르몬이 지속적으로 과다 분비될 위험이 높아지기 때문이다. 원래 스트레스 호르몬은 인간이 어려운 과제에 직면했을 때 일시적으로 몸의 활동성을 일정 수준 이상으로 유지해서 과제를 해결하도록 돕는 구실을 한다. 하지만 평상시에도 이 호르몬에 오래 노출된 사람은 정작 필요할 때 이 '비상 스위치'를 눌러도 그 명령이 먹히지 않는다. 항상 긴장해 있고 항상 몸에 '비상등이 켜진' 상태이기 때문이다.

말하자면 만성 긴장을 겪는 사람은 그렇지 않은 사람보다 스트레스를 이겨낼 힘이 부족해진다. 스트레스 호르몬으로 끊임없이 신경이 곤두서 있다 보니 세상만사가 스트레스로 다가온다. 그리고 몸은 이것을 경고 신호로 삼아 더욱 긴장을 유지하려 애쓴다. 지독한 악순환이다. 이런 상태에서는 언제나 붕 떠 있고 산만하며, 마음을 가라앉히지도 못하고 계속 무언가 할 일이 있는 듯한 강박에 휩싸인다. 몸과 마음이 더 이상 견뎌내지 못할 때까지 말이다.

이렇듯 생각, 느낌, 몸의 반응은 서로 긴밀하게 연동되어 있다. 그래서 역으로 몸 상태에 변화를 주는 방법이 심리 상태를 바꾸는 데 효과적이라는 연구 결과가 많이 나와 있다. 그냥 몸의 자세만 바꾸거나 운동을 해도 변화가 나타난다. 하다못해 호흡만 의식적으로 깊이 쉬어도 흥분이 가라앉고 마음이 진정되는 것도 같은 이치다.

몸은 머리보다 늦게 적응한다

몸과 마음의 상호 작용을 다룰 때 한 가지 염두에 둘 사항이 있다. 몸이 이성보다 훨씬 느리게 학습한다는 사실이다. 앞서 말한 스트레스 호르몬을 다시 떠올려보자. 중압감에 지쳐버린 장본인이 이제 삶의 속도를 좀 늦추기로 결심하고 몸과 마음을 편히 쉬기로 했다고 치자. 이때 머리는 이미 결심을 끝냈지만 몸은 그렇지 못했다. '아, 뭔가 상황이 변했구나'라고 몸이 알아차리고 여기에 적응하는 데는 대략 6주라는 시간이 걸린다. 이 사실을 알고 있으면 변화 과정을 지날 때 꽤 도움이 된다. 머리는 열심히 노력하는데 몸이 여전히 우리를 골탕 먹이는 일이 이따금 일어나기 때문이다.

나를 찾아온 한 내담자는 오랫동안 공황장애에 시달리던 끝에 다행히 불안과 공포를 통제하는 법을 터득했다. 그런데 몸에서는 그 뒤에도 반응이 나타났다. 심장이 방망이질하듯 격렬하게 뛰는 증상이 계속된 것이다. 그럴 때마다 내담자는 더 이상 불안할 것이 없고 아무것도 잘못된 것이 없다는 걸 몸이 이해하는 데 시간이 오래 걸린다는 사실을 의식적으로 떠올렸다. 그전에는 몸에서 이상 신호가 느껴지면 저절로 "나 지금 불안한 거구나! 어쩌면 좋지?" 하고 안절

부절못했다. 하지만 이것이 단지 몸의 적응 속도가 느려서 일어나는 일이라는 것을 의식적으로 떠올리자, 몸과 감정의 악순환은 서서히 끊어졌다.

스스로 변화하기로 결심했다면 인내심을 갖고 자신을 이해하며 공감해주는 것이 중요하다. 다시 말하지만, 자존감은 모든 심리의 진원지다. 자존감이 자리한 곳은 워낙 깊은 영역이라, 하루 세 번 "할 수 있어!" 같은 주문을 왼다고 해서 금방 좋아진다거나 달라지지 않는다. 자존감을 키우는 과정은 인내를 요한다. 그러나 튼튼한 자아를 갖는 일은 얼마든지 가능하다. 분명 노력한 만큼 충분히 보람을 얻을 것이다.

"그래, 내가
지금 이렇구나"

이 책을 시작하면서 나는 자존감이 높은 사람과 낮은 사람의 결정적 차이를 이야기했다. 약점까지도 자신의 모습으로 받아들이는지, 아니면 결코 닿을 수 없는 이상형만 좇는지에 달렸다고 말이다. 자존감이 낮은 사람은 특히 이상적인 자아의 모습과 실제 자아를 끊임없이 비교하고, 자신이 설정한 목표를 채우지 못해 참담한 기분에 빠진다. 자기불안이 있는 사람들은 흔히 자기가 더 예쁘고, 똑똑하고, 재치 있고, 어느 모로 보나 능력이 넘쳐나야 한다고 믿는다.

그러나 인생에서 정말로 중요한 건 그런 것들이 아니다. 설령 그렇다 한들 최소한 어떤 조건에서만 한정적으로 중요할 뿐이다. 외모가 출중하고 재능이 많은 것보다 더 중요한 것은 단점과 약점 등 모든 걸 포함해서 자신을 있는 그대로 받아들이는 것이다. 자기불안을 가진 이들이 보통 가장 격하게 자책하는 점이 무엇인지 아는가. 바로 '자신이 불안하다는 사실'이다. 나 또한 내담자들과 심리 치료를 진행하다 보면, 자신의 불안을 인정하고 받아들이는 것이야말로 치유를 위한 중요한 첫걸음이라는 사실을 거듭 확인하게 된다. 따라서 제일 먼저 할 일은 당신의 불안을 받아들이는 것이다! 불안한가? 그렇다면 스스로에게 이렇게 말하자. "그래, 내가 지금 이렇구나."

이제 자신과 싸우는 일은 그만두자. 그냥 마음 놓고 불안해하자. 불안하다는 사실 자체가 나쁜 건 아니다. 그저 지금까지 당신 혹은 당신 안에 사는 내면아이가 유년기에 절망적인 경험을 여러 번 겪어서 그렇게 불안해진 것뿐이다. 이제는 그런 자신을 좀 이해해줄 때가 됐다.

먼저 자신을 주의 깊게 관찰하라

거듭 말하지만, 불안한 것은 나쁜 것이 아니다. 자신에게까지 불안하지 않은 척하면서 스스로와 타인을 의식적으로든 무의식적으로든 해하는 것이 나쁘다. 또한 잘못된 방식으로 자신의 불안에서 탈피하려고 하는 것이 나쁘다. 자기가 잘나 보이려고 남을 깎아내린다든지, 실수할까 봐 두려워서 아예 시도조차 안 하는 게 나쁘다.

비록 우리가 대부분 의식하지 못한다 해도 감정은 우리 몸에 그대로 영향을 미친다. 그리고 그렇게 몸으로 발현되는 감정의 힘은 강력해서 우리의 생각을 좌우하고 내면 상태를 바꾼다. 누구나 불안을 느낄 때 찾아오는 몸의 신호와 증상만 해도 그렇다. 마음이 불안해지면 손바닥, 등은 물론 온몸에 땀이 흐르고, 심장은 고동치며 손도 떨린다.

그런 의미에서 불안을 좀 더 수용하기 위해 몸의 반응을 이용한 연습을 제안해보려고 한다. 먼저 눈을 감고, 감각을 몸 가운데인 가슴, 배 쪽에 집중시킨다. 이제부터 호흡이 들고 나는 것을 가만히 느껴보자. 일부러 숨을 바꾸거나 규칙적으로 쉬려고 할 필요는 없다. 그냥 숨이 어느 정도 깊이로 들고 나는지, 숨이 차거나 멈추지는 않는지 지켜보는 것이다. 다음에는 의도적으로 불안을 떠올리고 느껴보려고 하자. 당신이 평소에 불안해했던 구체적인 상황을 상상하면 된다.

이때 몸에서 어떤 반응이 일어나는가? 뱃속이 간질간질하거나 부글부글할 수도 있다. 가슴이 답답하고 조여든다. 심장이 콩닥거리고 온몸이 오그라든다. 이런저런 반응이 느껴지면 그 느낌에 잠시 머물러보자. 이 느낌을 충분히 바라보고 나면 마음속으로 이렇게 속삭인다. '그래, 내가 지금 이렇구나.' 스스로에게 이 말을 건네고 나면 다시 숨을 깊게 들이쉬고 내쉬면서 천천히 다시 이 말을 음미한다. '그래, 내가 지금 이렇구나!'

그런데 이것으로 끝이 아니다. 나와 함께 이 실습을 한 내담자들은 내면에 집중하는 과정에서 또 다른 자기회의를 느꼈다고 토로했다. 이들에게는 '난 못해', '난 정말 이것밖에 안 되나 봐', '난 정말 쓸모없는 인간이야' 같은 말이 떠올랐다. 그 말을 듣고 나는 그런 생각을 떠올리는 스스로를 또다시 다정하게 품어주라고 권했다. "그래, 맞아. 난 지금 스스로를 그렇게 생각하고 있어. 이 불안 때문에 나는 자신을 잘못 평가하고 있어. 그게 나의 불안이야. 이 불안이 나에게 그런 말을 하게 하고, 이 불안이 나를 이렇게 느끼게 하는 거야."

물론 이 말을 글자 그대로 따라할 필요는 없다. 이 말에 담긴 뜻만 이해하고 받아들이면 된다. 마음속 불안에 말을 걸고 그것을 인정하고 받아들이는 것이다.

불안이 찾아오지 않는 시간에는, 전처럼 어떻게 하면 상처받지 않고 나를 방어할 수 있는가보다 '무엇이 의미 있는가?', '무엇이 예의와 공정함인가?'라는 질문을 기준 삼아 스스로의 행동을 살피길 권한다. 자기 일신에만 매몰되었던 관심을 당면한 일 자체 혹은 상대방에게 집중해보는 것이 이 연습의 목적이다. 한편으로는 자신에게 정직해지기 위한 목적도 있다. 자신에게 정직하려면 약점과 강점을 그대로 바라보고 인정해야 한다. 예를 들어 누군가를 시기하거나 질투하는 것은 나쁜 일이 아니다. 세상에 질투 안 하는 사람은 없다. 다만 이 시기심을 인정하지 않은 채 아무 생각 없이 행동에 반영하고, 그 과정에서 의식적이든 아니든 남에게 위해를 가하는 것이 나쁜 일이다.

당신이 제일 먼저 해야 할 일은 자신의 생각과 느낌을 주의 깊게 관찰하는 것이다. 그다음 단계는 무엇이 당신이 처한 상황과 당신이 속한 집단의 맥락에 맞는 행동인가 생각해보는 일이다. 단순히 자신을 보호하려는 생각에서 벗어나 좀 더 높은 가치에 사고를 집중하다 보면 훨씬 홀가분해지고 자존감 또한 건강한 방식으로 회복된다.

몸을 통해 마음을 건강하게 변화시키는 방법

서양 문화에서는 몸과 마음을 구분해서 말하고, 심신상관의학에서도 '심리 상태가 몸으로 나타난다'는 식으로 두 영역을 분리해서 다룬다. 하지만 몸과 마음의 증상을 따로 나누지 않는 문화도 있다. 나를 찾아온 아시아계 여성이 연애 문제로 힘들어하면서 심장이 타는 듯 아프다고 말했다. 그녀가 성장한 문화에서는 몸과 마음을 원래부터 하나로 보는 것 같았다. 실제로 최근에는 몸에 일어나는 통증이나 마음에 오는 고통 모두 뇌의 동일한 고통 중추를 활성화시킨다는 연구 결과가 발표되었다. 인간의 뇌가 몸의 고통과 마음의 고통을 굳이 구분하지 않는다는 말이다.

말 그대로 심리적으로 충격을 받은 사람은 '가슴이 아파서' 죽을 수도 있다. 굳이 연구 결과를 빌지 않아도 우리 역시 몸이 불편하면 심적으로도 크게 부담을 겪는다는 사실을 잘 안다. 이가 쿡쿡 쑤셔서 얼굴이 온통 욱신거리는데 신나게 춤출 마음이 생기겠는가? 감정 중에는 서로 공존하지 못하는 것들도 있다. 예컨대 불안에 떨면서 흐뭇할 수는 없다.

기본적으로 불안이 지속되면 목과 어깨 근육이 단단하게 뭉치고 심할 경우 긴장성 두통이 찾아온다. 반대로 뒷목이 편하게 풀어지면 긴장성 두통도 한결 나아진다. 운동은 마음 상태를 눈에 띄게 밝고 긍정적으로 만든다. 힘차게 뛰거나 움직이고 나면 기진맥진하지만 기분은 날아갈 것 같았던 경험은 누구에게나 한 번씩 있다. 운동 말고도 신체를 이용하여 심리를 건강하게 변화시키는 방법은 여러 가지가 있다. 그중에서 큰 수고를 들이지 않고 효과를 볼 수 있는 것이 바로 호흡법이다.

나의 상담실을 찾은 사람 중에는 공황장애가 자주 일어났던 여성 내담자가 있었다. 그녀는 어느 날 내게 이렇게 말했다. "심리 치료에서 얻은 긍정적인 자극과 제대로 된 호흡 훈련 덕분에 공황장애가 사라졌어요!"

어떤 일이 있었기에 그것이 가능했을까? 이 여성은 불안이 엄습할 때면 숨이 얕아지고 가슴 위쪽으로만 호흡이 일어났다. 원칙적으로 이 현상은 몸이 만들어내는 똑똑한 반사 작용이다. 숨을 얕게 쉬다 보면 불쾌한 감정을 깊이 자각하지 않는 것이 가능하기 때문이다. 그러나 불안이 크면 아무리 숨을 얕게 쉰다고 해도 쉽사리 가시지 않는다. 결국 호흡은 점차 빨라지고 가빠진다. 이렇게 숨을 헐떡이게 되면 신체의 산소 순환이 제한되고 혈액 속의 이산화탄소 농도가 높아진다. 손가락 끝은 찌르르 떨리며 정신이 몽롱하고 흐릿해진다. 이 감정 탓에 불안은 더 증폭되고, 공황 발작이 일어날 가능성도 한층 커진다. 호흡이 빨라지면 뇌는 이것을 '위험이 임박했다'는 신호로 해석하고, 교감신경을 발동시키며 몸 전체가 흥분 상태로 돌입한다. 그때마다 이 여성 역시 호흡 통제력을 잃었다. 맥박도 주체할 수 없이 빨라졌으며, 급기야 숨이 막히고 눈앞이 캄캄해졌다. '끝장이구나!' 하는 공포감이 엄습하며 모든 의욕을 잃었다.

하지만 이 여성은 심리 치료를 받으며 복식 호흡법을 배웠다. 복식 호흡은 누구나 쉽게 배울 수 있다. 두 손을 배 위에 올려두고, 숨을 들이쉴 때는 배를 앞으로 내밀고 내쉴 때는 배를 다시 집어넣는다. 들이쉴 때 내밀고 내쉴 때 집어넣고……. 이렇게 호흡을 하는 것만으로 몸에는 수많은 긍정적인 효과가 동시에 일어난다. 가장 중요한 것만 예로 들자면 등과 허리, 목 등의 자세가 바로 세워지고, 복부 기관에 혈액순환이 활발히 일어난다. 뒷목 근육도 편안히 이완되며, 이로써 몸의 불안 모드가 해제되고 산소 공급이 적정 수준으로 돌아온다. 이렇듯 근육이완, 혈액순환, 자세가 합동 작전을 펼치면 뇌 안에서 부교감신경을 깨우는 신경전달물질이 분비된다. 부교감신경은 수면, 재생, 소화, 휴식을 담당하는 신경계통이다.

깊고 바른 숨쉬기는 긴장을 걷어내고 몸을 이완시킨다. 이완과 불안은 한 몸 안에 있을 수 없으므로 이완이 일어나면 불안은 물러간다. 이 현상은 신경계, 전달물질, 호르몬이 뇌 안에서 협동한 결과다. 앞서 말한 이 여성은 이렇게 덧붙였다. "나에게 호흡을 조절할 수 있다는 건 인생을 내 마음대로 할 수 있다는 뜻이기도 해요."

이 훈련을 즐거운 마음으로 꾸준히 하는 것이 무엇보다 중요하다. 지하철에서든 밥을 먹을 때든, 숨을 들이쉴 때 배를 내밀고 내쉴 때 집어넣는다. 그것만으로 충분하다.

문제의 핵심은
수치심

심리적 문제에는 거의 언제나 두 가지 측면이 있다. 첫 번째는 문제 그 자체로 인한 현상이다. 가령 '나는 낯선 사람들 앞에서 행동하는 데 큰 불안을 느낀다' 같은 문제가 그렇다. 물론 문제를 인정하는 것은 당사자에게 큰 부담이다. 그런데 대부분 이 문제를 창피해하고 이 문제를 갖고 있다는 이유로 스스로를 경멸하며 자신에게 더 큰 짐을 지운다. 이것이 심리적 문제의 두 번째 측면이다. 상담을 진행하다 보면, 문제 자체보다 이 두 번째 측면이 더 큰 부담을 야기하는 경우를 자주 발견한다. 심지어 수치심 자체가 문제의 진짜 핵심인 경우가 더 많다. 해결을 하려면 무엇보다 자신의 문제를 십분 인정하고 그런 자신을 지지하고 격려해주어야 하는데, 수치심은 그런 해결 방안을 방해하고 차단한다. 수치심이 결국 문제를 키우는 악순환의 원천인 셈이다. 한 가지 예를 살펴보자.

노버트는 35세 남자로 여성에 대한 불안이 뿌리 깊다. 이 불안은 자신이 어떤 여성도 사귈 자격이 없다는 열등감에서 비롯되었다. 혹여 어떤 여성이 마음에 들어 친해져볼까 하다가도 매번 불안과 공포감이 앞섰다. 그러다 끝내 몸과 마음이 경직되어 포기하고 돌아서는 일이 태반이었다. 노버트는 그 어떤 여성과도 섹스를 해본 적이 없었다. 성매매 여성도 생각했지만, 상대에게 자신의 문제를 들키는 것이 창피해서 시도하지 못했다. 그는 친한 친구에게마저 이 문제를 얘기할 엄두를 내지 못했다. 아무에게도 고충을 털어놓지 못한다는 사실은 그를 이중으로 괴롭혔다. 노버트는 수치심의 악순환에 붙잡혀 있었다.

수치심은 문제를 풀지 못하게 차단한다. 노버트가 문제를 해결하려면 무엇보다도 그것을 수긍하고, 문제를 겪는 자신의 편이 되어주어야 한다. 그래야 여성에게 다가가 말을 걸고 교제도 시도할 수 있다. 불안해하는 자신을 있는 그대로 내보일 용기가 무엇보다 전제되어야 한다.

친한 친구를 이해하듯 자신을 이해하라

어떤 경우에는 문제를 수긍하고 인정하는 과정이 본격적인 치료 방법이 되기도 한다. 문제를 받아들이는 순간, 그것은 공중분해된다. 자주 얼굴이 빨개지는 것이 싫지만 그것을 인정하고 받아들이면, 더 이상 창피하고 당황스럽지 않기 때문에 얼굴이 빨개지는 일도 줄어든다. 자기불안에서 비롯된 문제들 가운데 상당수가 그런 구조 안에서 발동한다.

문제를 수긍하기 위해서는 그것을 바라보는 시각이 변해야 한다. 즉, 문제를 따가운 눈총으로 바라보는 대신 공감하고 배려하며 대해야 한다. 앞서 소개한 호흡법을 이용해 문제를 내 몸의 중심에서 감각적으로 느끼고 괜찮다고 말해보자. "그래, 내가 지금 이렇구나"라고 수용해주는 것이다.

그다음으로는 문제가 어디서 오는 것인지 알아낼 차례다. 앞서 말한 노버트의 경우, 자신이 극도로 엄격하고 답답한 규칙에 매여 성장했다는 사실을 상기해냈다. 그래서 자신이 어릴 때부터 청소년기를 거치는 과정에서 늘 어딘가 서툴고 부족한 느낌으로 생활했음을 깨달았다. 노버트는 이 기억을 통해 자신이 왜 그런 열등감을 갖게 됐는지 충분히 이해했고, 그 감정들을 너그럽고 배려하는 시선으로 바라보게 되었다.

자기수용의 핵심은 부족하고 문제 있는 존재로서의 자신을 너그럽게 대해주는 것이다. 당신이 사랑하는 사람, 좋아하는 동물, 아끼는 물건을 떠올려보자. 완벽하지 않아도, 혹은 바로 그런 허점이 있어서 그들을 좋아하는 건 아닐까? 이번에는 그 생각과 감정을 자신에게 향해보자. 따뜻하고 이해심 넘치는 시선을 스스로에게도 넉넉하게 허락해야 한다.

약점을 받아들이고 강점을 발견하는 시간

자기불안을 가진 사람들에게서 자주 눈에 띄는 점이 있다. 자신의 약점은 과대평가하고 강점은 과소평가한다는 사실이다. 이렇듯 자존감이 약한 사람들은 자기인지가 왜곡되어 있는 경우가 많다. 나에게 상담을 받던 한 여성 내담자는 오로지 자신의 민감한 피부에만 거의 온 신경을 집중했다. 청소년기에 여드름이 얼굴을 뒤덮자 그녀는 집 밖으로 도통 나가지 않았다고 한다. 성인이 된 그녀의 피부는 한결 안정되었지만, 마음속으로는 여전히 여드름투성이 소녀처럼 불안하고 주눅 들어 있었다.

그녀에게는 피부만 빼면 여러 가지 장점이 있었다. 특히 몸매가 아주 근사했다. 하지만 그녀는 외모든 다른 능력이든 좀처럼 자신의 장점을 자각하지 못했고, 누가 봐도 '톱모델' 수준인 몸매 역시 '그냥 삐쩍 마르기만 했다'며 사정없이 깎아내렸다. 내담자의 시야는 자신의 실제 약점은 물론이고, 있지도 않은 약점까지 과장하고 확대해석해서 보는 데 편향되어 있었다. 나는 그녀와 다음 작업을 진행했다.

- **자신의 약점을 사실적으로 분석한다**: 나는 내 피부를 지나치게 나쁘게 평가하고 심한 여드름 때문에 스트레스를 받았던 청소년기의 감정에 무척 얽매여 있다.

- **자신의 한계를 받아들인다**: 도자기 같은 피부를 가지지 못했다는 걸 인정하자. 만약 이것이 약점이라면 그것을 안고 살아가는 데 익숙해지자. 나의 운명은 물론 남의 운명도 두루 관찰하면서 모두 다 가질 수 없다는 것을 이해한다.
- **자신의 강점을 인지한다**: 자기만의 강점을 찾고, 이를 자신이 보는 스스로의 모습인 자아상 안에 통합시킨다.

이 작업의 목표는 통합적이고 균형 있는 자아상을 키우며 그것을 내면화하는 것이다. 그 안에서 주된 과제는 자신의 약점에 항거하는 것이 아니라 자신의 약점과 '함께' 사는 법을 배우는 일이다. 그러려면 제일 먼저 자신의 약점을(혹은 자신이 약점이라고 믿는 것을) 냉철한 눈으로 꼼꼼히 살피는 것이 중요하다. 자기불안을 가진 이들은 약점을 터무니없이 과장하는 경향이 있다. 자신의 판단에만 의존하는 대신, 믿을 만한 친구와 당신이 가진 자아상에 대해 솔직하게 의견을 주고받는 것은 어떨까? 외부에서 보는 현실은 어떤지 참고하는 것이다.

여기에 덧붙여 지금 가진 자아상을 한번 검증해보는 것도 좋다. 당신 스스로가 실패자라는 생각이 드는가? 그렇다면 그 증거를 구체적으로 들어보라! 언제 어떤 일에서 실패했는지 일일이 증거를 찾고, 마찬가지로 성공한 일은 언제 무엇이었는지도 구체적으로 떠올려보자. 실패한 증거가 있다면 그 중에서 당신의 인격적 가치가 걸려 있었던 일은 무엇이었는가? 이 열패감이 지금 당신의 현실에 영향을 주었는가? 이 열패감은 어린 시절에서 비롯된 것인가, 성인이 된 이후 일하는 능력에 관련하여 생긴 것인가?

자존감에 상처를 입은 사람들은 실패나 패배 경험을 확대해석하는 경우가 적지 않다. 나에게 상담을 받으러 왔던 한 여성은 대학에서 초등교원 자격 과정을 수료했다. 그러나 그녀의 교생 실습 기간은 지옥 그 자체였다. 지도 교사가 굉장히 엄격해서 그녀는 늘 불합격할까 봐 전전긍긍해야 했다. 이 불안이 너무 컸던 탓에 수업 중에 자꾸 말문이 막혔고, 결국 교생 실습은 낮은 점수를 받으며 끝이 났다. 이 사실이 너무 창피했던 나머지 그녀는 아예 누구와도 이 얘기를 나눌 엄두를 못 냈다. 심지어 진로까지 다른 방향으로 변경했다.

자세히 들어보니 이 여성의 자존감이 낮고 수치심이 강한 것도 어린 시절의 경험 때문이었다. 그녀의 아버지는 아이를 윽박지르고 무척 엄하게 키웠다. 유약한 어머니조차 딸이 자긍심을 키우는 데 좋은 본보기가 되지 못했다. 이렇게 형성된 열등감이 이 여성의 기본 정서에 영향을 끼쳤고, 교생 실습의 태도마저 바뀌게 만들었다. 그리고 결국 낙제 점수를 받으면서 그녀의 열패감은 기정사실이 되어버렸다.

이 내담자는 나와 얘기하면서 자신이 무능하다는 온갖 증거를 줄줄 나열했다. 내가 보기에 그녀가 아주 절망스런 상황에 처한 것만은 아니었다. 물론 어린 시절 그런 분위기에서 자랐다면 자존감이 불충분하게 형성됐을 거라는 사실도 십분 이해되었다. 더구나 엄하기만 하고 교수법 면에서 자질이 부족한 지도 교사를 만나는 바람에 극심한 긴장 상태에 놓이게 되었을 것이다. 그녀가 원하는 대로 일이 되지 않은 것은 무척 불행하고 안타까웠다. 하지만 이것 때문에 이 여성이 반드시 수치심을 느껴야 할까? 사람이라면 누구나 충분히 공감이 가는 상황이 아닐까? 만약 친구가 똑같은 사연을 들려주었다면 그녀 역시 친구를 이해했으면 했지 깔보거나 무시하지는 않았을 것이다. 그녀는 그것이 자기 일이라는 이유로 인정사정없이 자신을 심판했다.

이 여성뿐 아니라 자존감이 부족한 이들이 대부분 비슷한 모습을 보인다. 남들 일이면 그렇게 나쁜 건 아니라고 생각하다가도, 내 일이 되면 혹독하게 비난한다. 당신도 그런 일을 자주 겪는다면, 이제부터 어린 시절과 그간의 경험을 당신이 자신을 바라보는 이미지 안에 통합할 필요가 있다. 그리고 친한 친구를 이해하듯 그런 자신을 최대한 이해해주고 감싸주길 바란다.

자신의 약점을 직면하고 받아들이기로 했다면, 사람에게 저마다 있는 한계 역시 수용하는 것이 중요하다. 사람이 반드시 불행해지는 비결이 무엇인지 아는가? 잠시도 쉬지 않고 자기보다 더 실력 있고, 더 재능 있고, 더 잘생긴 사람과 스스로를 비교하는 것이다. 비교 기준 자체를 잘못 골랐는데 한 발짝이라도 움직일 수 있겠는가. 스스로를 평가할 때는 어디까지나 '자신의 가능성' 안에 머물러야 한다는 걸 잊지 말자. 건강한 자존감은 현실을 인정하고 수긍하려고 노력할 뿐, 그릇된 이상을 좇느라 애쓰지 않는다. 완벽할 필요도 없고 그저 노력한다는 사실 자체면 충분하다. 이것이 삶의 기술이다. 자기 능력을 과소평가하는 것도, 스스로를 과대평가하는 것도 건강한 자존감과는 거리가 멀다.

자신을 있는 그대로 수용하려면 현실을 직면하는 용기가 필요하다. 내가 저지른 과오, 한계, 약점을 포함한 현실 말이다. 만약 자신이 이따금 공격적으로 반응한다는 사실을 시인하지 않으면, 아무리 애를 써도 바뀌는 것은 없다. 자신이 인생에서 감수해야 할 책임을 피하기만 해왔다는 사실을 인정하지 않으면, 이 상태는 앞으로도 계속될 것이다. 마찬가지로 내 재능에 한계가 있다는 것을 시인하지 않으면, 무슨 일을 하든 결코 만족하지 못할 것이다.

내겐 아름다운 삶을
살 권리가 있다

　최대한 깊이 있게 자기인식에 도달하려고 애쓰는 일이 언제나 가능한 것은 아니다. 현실을 직시하고 받아들일 용기가 부족한 정도의 불안이라면 이런 시도를 해볼 수 있지만, 자신이 너무 나약하다고 느끼며 근원적인 불안을 안고 있다면 그것을 대면하는 일 자체가 버거운 과제일 수 있다. 뿌리 깊은 불안을 느끼는 사람들은 그저 심리적으로 생존하는 것조차 버거워한다. 생존하기 위해서, 겨우 버티기 위해서 이들은 과거에 일어난 일들과 해묵은 상처를 구석으로 밀쳐버리고 자신에 대해서도 두 눈을 감아버린다.

　심리학자 너새니얼 브랜든 Nathaniel Branden 은 《자존감의 여섯 기둥》이라는 책에서, 자존감이 제대로 성립하려면 그 아래에 더 근원적인 차원, 즉 자신을 받아들이고자 하는 생존의 의지가 있어야 한다고 말했다. 이 차원을 이루는 것은 타고난 긍정적 이기주의, 생명을 유지할 권리, 자기 인생을 위해 투쟁할 권리다. 말하자면 자신을 향한 원칙적인 존중이 반드시 전제되어야 한다는 뜻이다. 브랜든은 이 원칙적인 존중이 마련되지 않으면 그 어떤 개입과 작업도 소용이 없다고 강조한다. 그래서 무엇보다도 자존감을 회복하려는 당사자 본인이 스스로에게 다음과 같이 선언을 내리라고 권한다. '나는 나의 가치를 인정하겠다. 나를 소중히 다루고, 나의 생존권을 위해 기꺼이 싸우겠다.'

스스로에게 살 권리를 인정하는 게 중요한 첫걸음이라는 뜻이다. 뿌리 깊은 차원에서 자존감이 손상된 이들은 자기 존재를 원칙적으로 긍정하는 일조차 크나큰 노력을 필요로 한다. 아주 어릴 적 경험을 통해 자신이 환영받지 못한 존재라는 느낌이 이미 마음속 깊이 자리하고 있기 때문이다. 실제로 세상 모든 부모가 100퍼센트 기쁜 마음으로 부모가 되는 것도 아니고, 때로는 아이의 존재를 받아들이는 데 어려움을 겪기도 한다. 아이는 그 사실을 마음속 깊은 영역에서 간파하고 부모 혹은 주양육자의 거부감을 자신의 기본 정서 안에 포함시킨다. 스스로도 자신의 존재를 저 깊은 어디에선가부터 부정하고 거부하는 것이다.

///

내면아이와 손을 잡아야 하는 이유

인간에게는 '내면아이'라는 인격 구성 요소가 있다고 한 이야기를 기억하는가? 이 내면아이는 많은 상황에서 우리가 느끼는 감정과 행동 방식을 결정한다. 그리고 어린 시절의 경험과 뱃속에서부터 타고난 성격 요인이 이 내면아이의 모습을 형성한다. 우리 마음속에는 내면아이 말고도 어른 인격체도 있다. 이 '내면어른'은 무엇이 옳고 그른지 잘 안다. 그래서 자신이(혹은 내면아이가) 느끼는 불안이 사실은 불필요하고 과장됐다는 것 역시 파악하고 있다. '머리로는 다 이해가 되지만, 아무것도 바꾸지 못한다는 게 문제야'라고 생각하는 주체 역시 우리 안의 내면어른이다.

문제는 우리가 내면아이 영역과 내면어른 영역을 한데 섞어버리는 데 있다. 내면아이와 내면어른이라는 개념을 이해하고 그 기준으로 자신을 살피는 사람은 극소수다. 대대수 사람들은 자기가 느끼고 생각하는 모든 것이 '한 덩어리'이고 그것이 그냥 '나'라고 믿어버린다.

그러므로 불안하고 두려운 상태가 찾아오면, 맨 먼저 나의 전체가 아니라 내 안의 일부가 그렇게 느끼는 것이라는 사실부터 자각해야 한다. 내 안의 어린아이가 불안한 것일 뿐, 다른 부분은 이성적으로 생각하고 신중하게 처신할 줄 안다는 걸 떠올리는 것이다. 다음과 같이 일종의 의식 분리를 수행한다고 생각하면 알맞을 것이다.

첫째, 여기 버림받고 못난이라고 느끼며 불안에 떠는 내면아이가 있다.

둘째, 이 불안이 지나친 것이고 자신에게 행동할 능력이 있다는 것을 최소한 이론적으로는 잘 아는 내면어른이 있다.

아직 이론상으로도 당신의 불안과 열등감이 지나치다고 생각해 본 적이 없고 그것이 진짜 사실에 근거한다고 굳게 믿는 사람이라면, 다음 문장을 가슴 깊이 새겨주기 바란다. '그 믿음은 틀렸을 뿐 아니라, 당신은 지금 내면아이에게 지나치게 휘둘리고 있다.' 그리고 이 불안이 진짜인지 가짜인지 헷갈리지만 내면아이의 목소리에 눌려 내면어른이 찍소리도 못하고 있다면 주변에서 롤모델이 될 만한 인물을 떠올려보는 것도 좋다. 임시로나마 강력한 '어른 조력자'를 불러내어 이렇게 말하도록 시키는 것이다. "당신 불안은 허황된 거예요. 근거도 없고 과장된 거라고요!"

　그럼 불안해하고 겁에 질린 이 아이는 어떻게 해야 할까? 만약 너덧 살 된 당신 아이가 유치원에 가기 무섭다며 눈물을 흘린다면 어떻게 할 것인가? 아이를 야단치고 혼낼 것인가? 외면하고 밀어낼 것인가? 아마 아이를 위로하고 용기를 북돋아주며 무서워할 거 없다면서 차근차근 설명하고 타이를 것이다.

　자, 이번엔 당신 마음속에 살고 있는 내면의 어린아이로 돌아가자. 이 아이도 그렇게 불쌍한 감정에 빠져 있다면 어떻게 하겠는가? 아이를 다정하게 위로하겠는가, 아니면 다그치고 훈계하겠는가? 지금까진 아마 후자의 경우가 더 많았을 것이다. 하지만 그랬을 때 무슨 소득이 있었는가? 불안은 더 강해지고 깊어졌을 것이다. 진짜 어린아이든 내면의 어린아이든 비난보다는 애정을 필요로 하기 때문이다. 아이들은 칭찬을 받아야 기운을 얻는다. 당신의 내면아이 또한 지금의 모습 그대로 수용되고 인정받고 싶어 한다. 지금 필요한 건 내면아이와의 소통이다. 내면아이에게 말을 걸고, 아이가 호소하는 고통에 귀 기울이자. 그리고 토닥토닥 보듬어주자.

한 가지 예를 살펴보자. 이제 50대에 접어든 케말은 공장에서 제작부장으로 일할 만큼 자리를 잡았다. 그는 자기 일을 좋아하고 능력도 있다. 단지 상사와 의논할 때마다 너무 불편했다. 특히 두 사람의 의견이 서로 어긋날 때면 케말은 무척 위축되고 심장이 바닥에 떨어지는 것 같은 느낌을 받았다. 케말은 그런 자신이 너무나 싫었다. 남자로서 가진 자아상이 부실하다는 생각에 더욱 답답했다. 그래서 '배알도 없냐'면서 자신을 욕하고, 상사에게 맞서지 못하는 스스로에게 화를 냈다. 하지만 그래봤자 아무 소용 없었고, 오히려 기분은 더 비참해졌다. 자신에게 그런 '배알' 따위 없다는 걸 알기 때문이었다. 케말은 자기 안의 어린아이가 상사를 보며 아버지를 연상한다는 것을 알지 못했다.

그의 아버지는 무척 엄한 사람이었다. 아버지가 하는 말이 곧 법이었고, 철저히 권위주의적인 존재였다. 케말이 어릴 때 아버지에게 대들어서 통한 적은 단 한 번도 없었다. 심지어 케말이 옳고 아버지가 틀렸을 때도 마찬가지였다. 작은 어린아이에 지나지 않았던 케말에게는 자기보다 훨씬 강하고 막강한 권력을 가진 아버지에게 복종하는 것 말고 달리 방법이 없었다. 이 경험은 케말의 내면아이에게 그대로 각인되어 커서도 권위 있는 남성을 대하면 두려움을 느끼게 만들었다.

　지금껏 의식하지 못했던 내면아이를 알게 된 케말은 이제 자신 혹은 내면아이를 혼내는 대신 다른 방법을 택할 수 있게 됐다. 첫째, 아버지를 무서워했던 건 내 마음속 어린아이이고, 그 아이가 이번엔 그 공포를 상사에게 전이했다는 것을 알아차린다. 둘째, 내면아이와 손을 맞잡고 따뜻한 내면어른의 목소리로 말한다. "네가 지금 무서운 건 아버지와의 기억 때문이야. 그때 정말 힘들고 끔찍했지. 아버진 너에게 네 생각을 얘기할 기회를 한 번도 안 줬으니까. 그런데 지금 이 상사는 아버지가 아냐. 그리고 나는 달라졌어. 나도 상사와 동등한 어른이고 그와 대등하게 이야기할 권리가 있어. 그러니 걱정할 필요 없어. 안심해."

　이런 과정을 통해 케말의 불안 속에 숨어 있는 내면아이는 이해받고 수용되었다고 느꼈다. 그것만으로도 불안이 잦아들고 내면아이는 진정되었다. 더불어 케말은 내면아이에게 말을 걸어 새로운 행동을 시도하도록 설득했다. 물론 그것만으로 두려움이 일시에 사라지진 않았지만 눈에 띄게 줄어들었고, 특정 상황에서 다른 행동을 취할 가능성이 높아졌다.

내 안의 어린아이를
어떻게 달래줄까?

　앞서 만난 케말의 이야기에서 드러나듯, 우리가 불안을 느끼는 이유는 대부분 어린 시절에 각인된 인상이나 내면아이가 그렇게 느끼기 때문이다. 그러므로 다시 불안이 올라오면 이 사실을 의식하면서 내면아이에게 친절하고 배려 있는 태도로 말을 걸자. 물론 아이가 가진 두려움에 순순히 자리를 내줘서는 안 된다. 불안과 두려움은 행동을 취해야만 이겨낼 수 있으며 피하고 외면해서는 결코 사라지지 않는다. 그리고 내면아이가 편하게 자기불안을 드러내고 얘기할 수 있게 하되, 결국 어떻게 행동할지는 내면어른이 정하게 해야한다. 내면어른 역시 어른이므로 우리 부모가 소홀히 하거나 놓쳤던 교육의 일부를 떠맡아서 만회해야 한다. 내면어른은 내면아이를 인도하고 아이가 필요로 하는 관심과 후원을 제공해주어야 한다.

　심리학에 '담기containing'라는 개념이 있다. 아기가 소리치며 울 때 아기를 안은 어른(예컨대 엄마)이 아기가 느끼는 스트레스와 고통을 같이 느끼는 것이 대표적인 담기의 예다. 이때 엄마는 아기의 고통을 자신 안으로 받아들인다. 그리고 다음과 같이 다정하게 말하며 이 고통을 '정화'해준다. "아이고, 우리 아기. 가엾어라. 아야 했어요?" 엄마는 아이의 스트레스를 사랑으로 응대하고 그로써 부정적인 감정을 긍정적인 것으로 전환한다. 물론 아기는 여전히 아프고 괴롭겠지만 엄마의 반응을 통해 포근한 사랑도 경험할 것이다.

반대로 엄마가 아이를 야단치고 혼내면 스트레스는 더 커진다. 이런 일이 반복되면 아이는 자신이 부정적인 감정 상태에서 벗어나지 못할 것이고 어떠한 노력도 소용없다고 믿게 된다. 내면아이에게도 같은 논리가 적용된다. 우리가 내면아이를 대할 때 사랑을 주는 어른의 입장을 취하고 아이를 진정시키고 달래면 아이의 스트레스도 그만큼 줄어든다.

혹시 우리가 겪는 문제가 아주 뿌리 깊고, 저 밑바닥에서부터 올라오는 근원적인 불안에 근거한 것이라면 어떻게 해야 할까? 나 자신에 대한 회의가 들고, 내가 이 세상에 존재할 권리가 있는지조차 의심스럽다면? 자신을 변호하고 스스로를 지지할 권리가 있는지도 확신이 안 선다면? 그럴 땐 자신이 세상에 갓 태어난 아기였을 때로 되돌아가보자. 그리고 질문을 던져보자. 이 갓난아기는 살 권리가 있는가, 없는가? 이 아기에게 앞으로 멋지고 아름다운 삶을 살 권리가 있는가, 없는가?

특히 당신이 세상에 존재할 권리, 당신의 근본적인 생존권의 문제

만큼은 부모, 즉 주양육자의 관점과 반드시 분리해서 생각해야 한다. 물론 우리의 부모들 역시 아이를 낳고 키우는 일이 적잖이 버거웠을 것이다. 그들 역시 자신의 부모에게서 인정받고 사랑받는 일 따위는 기대도 못하고 살았을 것이 뻔하다. 그렇더라도 이것만은 확실히 해두어야 한다. 실패나 잘못을 했다면 주양육자가 한 것이지 내가 한 게 아니다. 세상에 태어난 것이 당신의 책임은 아니다. 너무나 당연한 사실이지만 실제로 내면의 어린아이에게 이것을 이해시키고 설득시키려면 오랜 시간과 인내가 필요하다. 하지만 그 수고가 빛을 발할 날은 반드시 올 것이다.

나에게 보내는 편지의 힘

나는 종종 내담자들에게 평소에 느끼고 생각하는 점, 근심과 기쁨, 새로 깨달은 것 등을 일기에 적어보라고 권한다. 우리가 글을 쓰려면 가능한 한 끝까지 그 주제를 떠올리고 깊이 생각해야 한다. 그러다 보면 당연히 생각이 깊어지고 치밀해진다. 더구나 새로운 인식에 도달했을 때 이를 글로 적어야 완전히 자리를 잡고 내 것이 된다. 하루에도 몇 가지씩 탁월한 통찰이 떠오르지만 따로 기록하지 않고 일상을 수행하다 보면 금세 머리에서 달아나버린다.

심리학자들에 따르면 우리가 느끼는 감정과 생각을 글로 적을 때 몸과 마음의 부담이 훨씬 줄어들어 신체의 면역력이 증가한다고 한다. 마음 가득한 근심 걱정을 종이 위에 덜어냄으로써 말 그대로 머릿속을 청소하는 효과가 일어나는 것이다. 나 역시 가끔 내담자들에게 '나에게 보내는 편지'를 써보라고 권한다. 이 편지는 어디까지나 자신을 진심으로 걱정하고 아끼는 친구의 입장에서 써야 한다. 글쓰는 이는 다정한 말투로 친구의 문제를 의논하듯이 해야 하며, 그러면서도 힘과 의지를 보여주어야 한다. 가능하다면 해결 방법까지 제시해보는 것이 좋다. 나와 상담을 했던 카알이 자신에게 쓴 편지를 참고해보라.

친애하는 카알에게

나는 자주 네 생각을 해. 내가 보기에 너는 스스로 자기 앞길을 막고 있는 게 아닌가 싶어. 일단 무엇이든 그냥 하면 되는데, 너는 고민하고 또 고민하다 기회를 놓쳐버리지. 하지만 너는 재주가 참 많아. 다정한 아빠, 든든한 친구이기도 하고. 특히 카드 게임 하나는 누구한테도 지지 않잖아? 지금 네 모습에 충분히 자부심을 가져도 돼. 네가 불안해하는 것들은 사실 네 능력이나 네가 이룬 것과 전혀 상관이 없어. 그보다는 네가 잊지 못하는 옛날 일들 때문에 생긴 불안이지. 엄마 아빠가 이혼했고 학교에서 괴롭힘도 당했던 그 일 말이야.

엄마 아빠 일은 언제 봐도 답답해. 엄마는 시도 때도 없이 우울해했고 내내 울면서 아빠한테 욕을 퍼부었지. 네가 엄마를 구해줄 수는 없었어. 아빠 마음을 되돌릴 수는 더더욱 없었고. 하지만 그게 네 잘못은 아니야! 어린아이면서도 너는 항상 어떻게 하면 엄마를 기쁘게 해드릴까 고민했지. 엄마한테 걱정거리를 만들어드리지 않으려고 항상 착하게 굴고 공부도 열심히 했어. 그러다 학교 친구들 사이에서 공부벌레라며 놀림받기도 했고. 너는 엄마에게 힘든 얘기는 절대 안 꺼냈어. 엄마를 걱정시키고 싶지 않았으니까. 그때 너 혼자 얼마나 쓸쓸했는지 기억해? 아빠하고도 별로 할 이야기는 없었어. 엄마처럼 아빠도 자기 고민만으로 벅차 보였으니까.

지금도 넌 여전히 모든 걸 혼자 해결해야 한다고 생각하지. 아무한테도 짐이 되어선 안 된다고 말이야. 때때로 옛날처럼 불안이 다시 찾아오기도 해. 네가 잘하는 걸 그냥 마음 편히 보여줘도 되는데, 또 성공만 좇는 사람으로 찍힐까 봐, 다른 이들에게 시기심을 살까 봐 걱정하지.

하지만 무엇보다 너의 그 바보 같은 질투심이 가장 큰 문제야. 아내가 너를 떠날까 봐 항상 불안해하잖아. 질투심 때문에 가장 힘든 건 너야. 정말 마음이 아파. 사실 나도 딱히 그걸 극복할 해결책을 줄 수 있는 건 아냐. 그래도 최소한 네 마음을 이해한다는 건 알아줬음 해. 다시는 네 가족이 산산이 부서지는 걸 보고 싶지 않으니까.

우선 네가 가진 이 불안이 모두 지나간 과거 때문에 생긴 거라는 걸 떠올렸으면 해. 어린아이였던 네가 뭘 할 수 있었겠어. 그 누구도 엄마 아빠를 다시 합치게 만들 수 없었어. 지금 너는 한 사람의 어른이고, 너의 세계는 완전히 달라졌어. 네 운명을 좌우할 힘이 그때보다 훨씬 더 커졌지. 더구나 어릴 때도 네 용기는 정말 대단했어. 나무란 나무는 죄다 올라가보고, 10미터 아래로 다이빙도 했지. 친구를 지키기 위해서 주먹으로 맞선 적도 있고. 그때 그 용기는 여전히 네 안에 살아 있어. 이제 다시 끄집어내기만 하면 돼. 그걸 잊지 마.

마음속 오류를
분석하고 해체하는 법

　자존감의 뿌리를 변화시키는 일은, 한 사람이 자신이 어떤 존재이고 누구인가 하는 관념인 자아상을 건드리는 일이다. 이 자아상은 저 아래 무의식에 단단히 고정되어 있기 때문에 다루기가 무척 어렵고 까다롭다. 나는 수년간 사람들을 만나 상담하면서 이것이 얼마나 견고한 문제인지 매번 재확인한다. 내담자 대다수가 무의식적으로 거의 항구 불변의 내적 확신에 지배받는데, 그 어떤 이성적 고찰이나 새로운 인식도 이 내적 확신 앞에서는 무장 해제되고 효력을 상실한다. 가령 한 사람이 마음속으로 '나는 형편없다!'고 확신하면, 이 확신은 그의 삶 곳곳에 스며들고 그의 존재를 지배한다. 그가 겪는 모든 것이 이 생각에 물들어버린다. 세탁기 안에 흰 빨래가 가득해도 검은 셔츠 하나만 넣으면 죄다 얼룩이 들어버리는 것과 같다.

　그래서 마음속 깊이 웅크린 그 하나의 확신, 그 검은 셔츠 한 장을 붙잡아 주의 깊게 관찰할 필요가 있다. 보통 그 확신은 한 줄의 문장인 경우가 많다. 이 문장은 시도 때도 없이 우리 머릿속을 어지럽히는 온갖 자기비하의 압축판이다. 어린 시절 자기도 모르게 진실이라고 받아들인 말들은 무의식 속에서 압축 처리 과정을 거쳐 하나의 원칙으로 탈바꿈한다.

인간의 무의식은 몇 가지 핵심어와 단순한 그림을 재료 삼아 작동한다. 처리 속도가 눈 깜짝할 만큼 빠르기 때문에 복잡한 정보를 분석하거나 관리하지 못한다. 복잡한 일은 이성이 맡기 때문에 훨씬 정확하지만 반면에 속도는 더디다. 바로 이 이유 때문에 무의식이 인간의 행동에 엄청난 영향력을 행사할 수 있다. 또한 의식에 비해 훨씬 민첩하여 결국 한 인간의 생각, 말, 행동을 강력히 조종하고 주도한다. 무의식은 이성이 미처 깨닫기도 전에 저만치 앞서 나간다.

///

무의식 맨 밑바닥에 깔린 잘못된 확신

이제 마음 깊은 곳으로 들어가 당신의 무의식 맨 밑바닥에 깔린 이 확신을 의식의 수면 위로 끌어올려보는 시도를 하자. 가장 간단하고 좋은 방법은 몸 중심, 그러니까 배와 가슴 안쪽으로 주의를 집중하여, 저 깊은 내면에서 자신이 스스로를 어떻게 바라보는지 파악하는 것이다.

나는 나를 무엇이라고 생각하는가? 이 질문을 듣고 맨 처음 떠올리는 대답은 무엇인가? 머리를 굴려 고민하고 따져서는 안 된다. 무의식은 아주 빨리, 몹시 효율적으로 일하기 때문에 십중팔구 지체 없이 답을 내놓을 것이다. 질문을 던진 순간 떠오른 그 대답, 그것이 당신이 찾던 답일 가능성이 높다. 복잡하고 분석적인 것도 아니다. 보통 아주 짧고 단순한 문장이 많다. '형편없어', '하찮은 것', '멍청이', '창피한 줄 알아!'……. 이런 말들이다. 그리고 이것들이 가리키는 메시지는 하나다. '나는 남들보다 못났다!' 당신이 평생 간직한 확신, 원칙이 결국 당신으로 하여금 그릇된 결론을 내리게 만든 셈이다. 남들보다 가치가 떨어지며, 남들보다 열등하다는 결론. 이 말은 마지막에 가서 모든 것을 넘어서고, 모든 것을 무효로 만든다.

이 확신은 철저히 틀렸다. 세탁기 안에 잘못 들어간 검은 티셔츠일 뿐이다. 혹은 당신의 영혼을 운영하는 프로그램에 잘못 끼어든 오류일 뿐이다. 이것이 진실은커녕 프로그램 오류였다는 걸 당신의 이성이 한시라도 빨리 파악하는 것이 급선무다. 지금까지는 이 확신이 워낙 단단히 들어박혀 있던 탓에 당연히 진실일 거라고 믿었을 것이다. 이제는 이것이 당신의 세계와 그것을 바라보는 시각을 오염시키는 한낱 프로그램 결함에 불과하다는 것을 인식해야 한다. 이 확신은 당신이 어린 시절에 습득한 잘못된 내적 확신이다.

아마도 이 확신 때문에 당신은 살면서 이 일은 하고 저 일은 포기했을 것이다. 그러면서 '결국 내 생각이 옳았어' 하며 그 확신을 더욱 공고히 했을 것이다. 당신이 이것을 믿고 그 틀 안에 갇혀 움직였기 때문에, 당신의 인생에서 어처구니없는 악순환이 일어났을지도 모른다. 이 사실을 지금 당신이 깨닫고 인식하는 것은 매우 중요하다. 당신이 옳다고 믿어왔던 그 가정이 단순한 오류라는 걸 깨닫는 것만으로도 그 오류는 당신에게서 분리되고, 영향력을 잃으며, 무해한 것으로 축소되기 때문이다.

우선 어디서 이 확신이 생겨났고, 누가 당신에게 이를 들이밀었는지 명백히 밝히자. 당신이 살아온 인생사와 유년기를 꼼꼼히 반추하면서 어디서 이 오류가 발생했는지 찾아내고 분석하자. 당신의 이성 혹은 내면어른이 이 전제를 해체하고 그것과 결별하려면 논리와 근거가 필요하기에 이 과정은 상당히 중요하다. 내면어른은 이 확신을 자기가 만든 것이 아니며, 그냥 옛날에 주어진 것이 너무 익숙했기 때문에 옳다고 믿었을 뿐이라는 걸 납득해야 한다. 마치 얼굴에 코가 있듯 이 그릇된 확신도 원래부터 있는 것으로 여겼고, 그 목소리와 느낌이 워낙 친숙한 탓에 얼굴에 코가 필요하듯 이 오류 역시 당연히 필요하다고 믿어버린 것이다.

이것이 가장 고약하고 무서운 점이다. 깊은 불안을 갖고 사는 이들이 스스로에 대해 갖는 시각은 대부분 전혀 기억나지 않을 만큼 아주 어릴 때 생겨난 탓에, 이 왜곡된 시각이 원래부터 있었던 만고불변의 진리인 양 믿고 받아들이는 것이다. 더구나 이 확신은 그냥 하나의 생각이나 관찰 태도라기보다는 뼛속 깊이 각인되고 몸 전체에 밴 평소의 감정에 더 가깝다.

부모를 향해 화를 내도 될까?

내면의 깊은 안쪽에서 변화를 끌어내는 일이 어려운 이유 중에 하나는, 그 과정에서 부모와의 관계가 달라지는 것이 부담스럽기 때문이기도 하다. 앞에서도 언급했지만, 부모와 형성한 애착이 경우에 따라 그 사람의 변화와 성장을 가로막는 걸림돌이 되기도 한다. 내면아이가 자신이 실제로 겪은 육아 환경이 어떤 것이었는지 깨닫고 나면 가족을 버려야 할지도 몰라 두려워하기 때문이다. 무엇보다도 부모를 향해 화를 내도 될지 망설인다. 그렇게 부모와의 관계를 지키느라 갈 곳을 잃은 분노는 결국 자기한테로 향한다.

자식이 부모에게 품는 충성심은 사랑을 지켜주는 최소한의 끈이다. 어린 시절 부모 밑에서 살아남기 위해 혹은 그 시절을 그저 견뎌내기 위해서라도 필요했던 최소한의 장치를 포기하기는 쉽지 않다. 아이에게 부모는 완벽한 존재여야 한다. 최소한 어떤 부분이라도 그래야 한다. 자기 부모를 보호하려는 이런 강박은 어른이 되어서도 좀처럼 사라지지 않는다.

나에게 상담을 요청했던 한 여성은 자신을 마음속 깊이 증오했고 이것을 도무지 바꿀 수 없어 힘겨워했다. 그렇게 자신을 증오하면 어떤 이득이 있느냐는 내 질문에 그녀는 이렇게 답했다. "최소한 가족을 지킬 수 있잖아요!" 그녀가 품은 자기증오는 스스로를 해치고 싶은 충동으로 발전했고, 이것이 그녀를 두렵게 했다. 그나마 그녀는 이 분노가 원래 부모에게 가야 할 것이라는 걸 어렴풋이나마 감지했다. 하지만 그 화를 정말 부모를 향해 표출한다면 부모와의 관계가 어떻게 되겠는가. 부모를 빼고 나면 자기에게 남는 사람이 어디 있단 말인가?

그녀는 자존감 결여 때문에 애착 불안도 심했고, 가족은 물론이고 이렇다 할 친밀한 결속 관계가 없었다. 그런 애착 욕구를 실행하고 해소할 기회도 없었다. 자기불안이 있는 사람들이 그렇듯 이 여성 역시 부모와의 애착에서 악순환이 반복되었다. 그녀는 부모에게서 정서적으로 분리되기가 무서웠기 때문에, 그들과의 관계를 간신히 유지하기 위해 차라리 자신에게서 잘못을 찾고 부정적인 자아상을 더욱 강화했다.

자기비하가 지나치게 깊이 뿌리박혀 있다고 느껴지면 혹시 이 감정이 당신의 대인 관계를 보호하고 있는 건 아닌가 의문을 가져볼 필요가 있다. 부모와의 관계뿐 아니라 지금 함께 있지만 당신에게 별 도움이 안 되는 연인이나 배우자와의 관계는 어떤가? 당신이 나쁘지 않다는 합리적인 증거가 아무리 줄줄이 나타나도, 당신의 자아상을 한순간에 부정적으로 만들어버리는 감정적인 이유가 혹시 거기 있지는 않은가? 이런 질문을 계속 던져서 당신이 자기비하를 해서 얻는 이득이 무엇인지 되짚어야 한다. 이 이득이 구체적으로 무엇이고 왜 생겨났는지 알아냈으면, 이번엔 그 이득을 얻을 다른 생산적인 방법이 있는지 모색하자.

앞서 말한 여성도 그런 과정을 통해 부모에 대한 애착이 자기가 변화하는 데 걸림돌이 된다는 걸 깨닫고 처음으로 부모를 향한 분노를 스스로에게 허락했다. 그러고 나자 서서히 그 분노를 다룰 기회도 생겨났다. 분노를 다룬다는 건, 당사자가 그 분노를 인정하고 제대로 들여다보아야 가능하다. 그렇게 시간이 흐르자 천천히 분노도 사그라졌다. 분노라는 감정이 겨우 처음으로 존중되고 이해받았기 때문이다. 감정을 억누르기만 하면 다루는 것이 불가능해진다. 이 여성은 자신의 화를 바라보고 받아들임으로써 부모가 겪어온 비극적인 인생사를 이해할 계기를 얻었고, 심지어 그들을 용서할 힘까지 생겼다. 이런 작업을 통해 그녀는 부모와의 관계뿐만 아니라, 자신과의 관계까지 완전히 바꿀 수 있었다.

내 탓인지 아닌지
아직도 혼란스럽다면

　내가 만난 내담자들도 그랬지만, 지금 책을 읽는 독자들 중 다수는 당장이라도 이 말을 외치고 싶을 것이다. "그래요, 다 맞다고 쳐요. 하지만……!" 내가 오래 상담했던 안야도 이 심정을 매우 강렬하게 표출했다.

　"내 어린 시절이, 그러니까 우리 부모가 나한테 남긴 것들 때문에 내가 지금 이렇게 나를 하찮게 여긴다는 게 맞다고 쳐요. 하지만 내 인생을 아무리 되돌아봐도 결론은 같아요. 내 능력이니 외모니 이런 걸 다 통틀어도, 굳이 부모와의 관계를 들추지 않아도 마찬가지예요. 나는 정말이지 문제가 많아요! 선생님은 말도 잘하고 공부도 많이 했고 책도 썼고 외모도 근사하죠! 그런데 나를 봐요! 정말 가슴에 손을 얹고 말해보세요. 내 말이 틀렸어요? 괜히 내가 그런 생각이 들겠어요? 어디 한번 설명해보세요. 내가 괜찮다고 믿으라고요? 어떻게요? 어떻게 하면 그걸 확신할 수 있어요? 나는 괜찮지 않아요. 그

잘난 '내면아이'도 그렇게 생각하고 '내면어른'도 그걸 잘 알아요. 아니, 나를 아는 인간들이라면 그냥 그게 보이죠. 선생님이 나에게 요구하는 건 현실을 피해 스스로를 속이면서 전혀 안 좋은 걸 좋다고 말하라는 거예요!"

서른 살의 안야는 이렇게 속내를 토로했다. 그녀의 관점에서 보면 무슨 말인지 충분히 이해가 됐다. 그녀는 10대 시절 학교를 중퇴했고 직업 교육이라곤 받은 적이 없었다. 어린 나이에 이혼했고, 두 아이는 아동보호기관을 통해 위탁 가정에서 지내고 있었다.

안야의 유년기를 일일이 열거할 수는 없다. 다만 견디기 힘들 만큼 괴로웠다는 것만은 분명하다. 어린 시절 안야는 부모 마음에 들려고 갖은 애를 썼다. 그러다 10대가 되면서 참았던 분노가 그녀를 돌변하게 만들었고, 결국 학교를 뛰쳐나왔다. 그 무엇에도 관심이 없었고, 직업 훈련을 해보라는 부모의 압박을 피해 도망 다녔다. 그러다 처음으로 만난 남자가 자신을 구원해줄 거라는 헛된 희망을 걸고 가출했다. 곧 임신을 했고 어린 나이에 닥쳐온 책임의 무게에 짓눌려 허덕였다. 결혼 생활은 오래가지 않았다. 남편은 아이들을 안야에게 떠맡긴 채 줄행랑쳤고 그 뒤로도 가족을 전혀 찾지 않았다. 겨우 서른 살이지만 안야는 자신의 인생이 바닥을 쳤다고 여겼다. 그녀는 실업 급여로 겨우 생계를 유지했고 아이들도 한 달에 한 번만 볼 수 있었다. 그녀의 눈에 자신은 사람으로서, 여자로서, 엄마로서 실패자였다.

안야의 사례는 어릴 적 경험으로 자존감이 낮게 형성된 사람이 이후 삶에서 잘못된 결정을 내리고 그것이 다시 자존감 저하를 고착시키는 악순환을 보여준다. 대체로 자존감 부족은 연쇄 반응을 일으키고, 그 일을 겪는 당사자가 결국 체념 상태에 이르도록 하는 것이 사실이다.

자기 책임과 피해의식 사이에서

안야는 이 악순환에서 어떻게 벗어날 수 있을까? 어떻게 해야 삶의 방향을 긍정적으로 바꿀 수 있을까? 안야의 성장에 필요한 결정적인 단서는 지금까지의 인생사를 깊이 성찰하고 평가하는 과정에 있다. 우리가 인생사를 되돌아볼 때 취하는 시각은 크게 두 가지다. 스스로를 환경의 피해자로 보든가, 아니면 어디까지나 자신이 한 행동이니 모든 책임이 자기에게 있다고 보든가. 언뜻 보기엔 자기 책임 쪽이 더 도덕적으로 들린다. 실제로도 그런 면이 없지 않다. 그러나 무조건 자기 책임만 기준으로 삼다 보면 자책만 지나치게 늘어나고, 건설적인 가능성은 전무해 보인다.

안야가 스스로를 환경의 희생양으로 인식한다면 자신만 빼고 모든 사람에게 잘못을 돌릴 수 있다. 이때 그녀의 시각을 아주 짧게 표현하면 이렇다. "내 부모는 완전히 실패자였어. 학교 선생들도 하나같이 도움이 안 됐고, 전남편은 초특급 나쁜놈이지. 아동보호소의 그 할

멈은 처음부터 나를 질색하더니 결국 아무 이유 없이 애들을 뺏어가 버렸어."

반면 안야가 모든 잘못이 자기에게 있다고 간주하면 어떤 말이 나올까? "아무것도 해내지 못했어. 부모님조차 나를 버거워하셨지. 학생 땐 공부도 못하고 항상 게을렀어. 전남편마저 나를 못 참고 떠나버렸잖아. 엄마 노릇이라도 제대로 했냐고? 그거야말로 꽝이야."

이 두 가지 관점 모두 지나치고 오류가 있다. 스스로를 오직 피해자로만 보면 자신이 처한 상황에서 아무것도 바꿀 수 없다. 자신이 한 일 중에 수정할 것이 하나도 없으니 그 무엇도 변화시킬 수 없다. 내 인생에서 지금까지 얼마만큼 책임을 회피해왔는지 인정해야 바꿀 수 있는 것을 찾아낼 수 있지 않겠는가.

이런 피해자의 태도는 주로 안야처럼 많은 불행을 겪은 사람들에게서 나타나는 것이 어느 정도는 사실이다. 이들은 자존감이 너무 약해서 책임을 수긍하는 것뿐 아니라 자신의 잘못을 인정하는 것에 매우 큰 부담을 느낀다. 자존감이 무너지지 않으려면 누구에게든 책임을 떠넘겨야 한다. 그렇지 않으면 마음이 산산이 부서질 것 같은 위기감을 무의식적으로 느끼기 때문이다. 그 많은 불행이 다 자기 책임이고 오로지 자신의 탓이라면 도무지 견디기 힘들다.

반면 자기 책임이 지나치면 자신과 인생에 비판적으로 대응하는 경우가 많다. 대개 복기와 반성에 공을 들이는 유형이다. 다만 너무 가혹하게 자신을 몰아붙이고 자기비하가 지나쳐 결국 앞으로도 뒤로도 움직이지 못하는 일이 생긴다. 문제를 애써 극복해보려 해도 자신 눈에는 약점이 너무 크고 많아 보이니, 그냥 자기비하의 감옥에 스스로 갇히는 쪽을 택한다.

비현실적인 피해의식이나 과장된 자기비판 모두 태만을 불러온다. 피해의식도 있으면서 동시에 자신을 탓하는 사람도 드물지 않다. 가장 좋은 방법이 무엇인가. 최대한 현실에 입각해 자신의 삶을 되돌아보되, 자기 책임에 해당되는 부분은 물론이고 어찌할 수 없는 외적인 조건을 자세히 조망하는 것이다. 그렇게 할 때 비로소 필요한 지점에 필요한 변화의 스위치를 작동시킬 수 있다.

이제 안야 앞에는 다음과 같은 길고 어려운 과제가 놓여 있다.

- 자신이 짊어져야 할 책임을 현실적인 눈으로 판단한다.
- 자신이 행하지 않았으며 책임이 없는 일들, 즉 유년기에 자신을 양육한 이들이 어떤 일을 했고 무슨 영향을 끼쳤는지 알아낸다.
- 자신 혹은 마음속 내면아이를 충분히 이해하고 수긍한다.
- 자아상을 바꾼다.
- 그것을 밑거름으로 새로운 결정을 내리고 실행한다.

"그냥 딱 한 걸음씩만 생각하는 거야."

언뜻 보기에도 그렇겠지만 실제로도 이 과정은 오랜 시간과 노력을 필요로 한다. 심지어 어떤 이에게는 너무 길어서 아예 그 길로 들어설 시도조차 못하고 그냥 인생을 '대충 때우겠다'고 마음먹게 할 정도다. 하지만 이럴 때 나는 당신이 미하엘 엔데Michael Ende의 소설 《모모》에 나오는 청소부를 떠올렸으면 한다. 이 청소부는 하루 종일 끝이 보이지 않을 만큼 길고 긴 길을 깨끗이 쓸어야 한다. 주인공 모모가 청소부에게 어디서 이 길고 지루한 일을 할 힘이 나냐고 묻자 그는 이렇게 답한다. "아주 쉬워. 그냥 딱 한 걸음씩만 생각하는 거야. 한 걸음을 걷고 나면 바로 그다음 한 걸음만 생각하면 돼."

안야도 그렇게 길을 걷기로 선택했다. 나와 둘이서 이야기를 거듭하면서 안야는 자신이 어릴 때 부모한테서 받아들인 내적 확신이 무엇인지, 그리고 그것 때문에 얼마나 왜곡된 자아상을 키웠는지 하나씩 명확하게 이해했다. 지금껏 자신도 모르게 무의식 안에 간직했던 내적 확신이 다름 아닌 '나는 아무짝에도 쓸모없어!'라는 말이었음을 발견했고, 그것이 인생의 중요한 순간마다 과오를 범하게 했다는 사실도 깨달았다.

실패가 두려워 학교도 자퇴했고 아예 직업 훈련을 시작도 안 하고 포기했으며, 계속 아버지다운 존재를 깊이 갈망해왔다는 것도 기억해냈다. 이 때문에 권위적이고 제멋대로인 남자에게 마음을 주었고 결국 자신을 억압하도록 '용인했다'는 점도 되돌아보았다. 몹시 고통스러웠지만 자기애의 결핍을 그대로 아이들에게 물려주었다는 사실 또한 인식했다. 자신이 자신을 방기했듯, 아이들에게도 아무렇게나 대하고 소홀히 했던 것이다. 자신도 모르게 안야는 부모가 자신에게 했던 그대로 아이들을 대해왔다.

이런 모든 통찰에 도달하기 위해 안야는 수없이 눈물을 흘렸고 마음이 찢어지는 고통을 대가로 치렀다. 그렇지만 새로운 인식을 마련하는 데 필요한 힘을 끌어내는 데 성공했다. 시간이 갈수록 안야는 자신을 이해하고 배려하는 힘을 길렀다. 마음속에 사는 겁먹고 불안한 아이를 찾아냈고, 이 아이가 크나큰 부담 탓에 지금껏 잘못된 선택을 해왔다는 걸 알아차렸다. 동시에 자신의 건강하고 강한 면을 발견하고 인정하는 습관도 길렀다. 지칠 줄 모르는 투지, 자신을 성찰할 줄 아는 힘, 따뜻함과 정을 추구하는 마음, 똑똑한 머리까지.

안야가 자신을 이해할수록 아이들을 수용하는 일도 쉬워졌다. 실패를 두려워하는 마음 때문에 많은 것을 시도조차 해보지 않았다는 걸 깨닫고 나자 좀 더 능동적으로 행동하고 결정할 용기가 생겼다. 중단했던 학업을 마저 수료했고 노인요양보호사 자격 취득 과정을 밟았다. 아동보호소를 찾아가 복지사와 마음을 터놓고 대화를 나누었다. 안야의 태도가 변화한 것을 확인한 기관 측은 아이들과의 면접 횟수를 늘려달라는 그녀의 요청을 받아들였다. 안야는 아이들을 만나 엄마로서 소홀히 했던 점, 부당하게 굴었던 점에 대해 진심으로 용서를 구했다.

안야는 자신의 내면아이와 화해하고 평화로운 관계를 구축한 뒤로 아이들에게 전혀 새로운 방식으로 다가갈 수 있었다. 아이들은 엄마를 마음 놓고 신뢰하게 되었다. 안야 역시 아이들을 맡아 키우는 위탁 부모와 아이들 사이에 형성된 애착 역시 존중하고 수긍하게 되었다. 위탁 부모가 더 이상 경쟁자로 보이지 않았고 오히려 아이들을 사랑하는 동등한 양육자라고 인정하게 되었다. 이것은 모두 안야가 자신을 용서하고 스스로와 화해한 덕분에 가능한 일이었다.

안야와 내가 처음 만난 이후 몇 년이 흘렀을 때, 자신과 자신의 삶을 바라보는 그녀의 시선은 확연히 바뀌어 있었다. 안야는 이제 자신이 진심으로 자랑스러웠다.

자기치유를 위한
첫걸음

　자존감 결핍을 호소하는 이들에게도 자신이 의심하지 않는 한 가지 영역, 그나마 자신 있고 안정감을 느끼는 분야가 꼭 있기 마련이다. 당신도 자신에 대해 아무 신뢰도 없는 게 아니라, 한두 영역에서는 만족스럽고 자기확신이 들 수 있다. 그렇다면 그 감정에 좀 더 집중하면서, 충만하게 느껴보길 권한다. 그때 마음속 상태를 한 문장으로 표현해보면 어떨까? 구체적으로 당신이 편하고 안전하게 느끼는 상황을 떠올리고, 몸의 한가운데인 가슴과 배로부터 이를 정확히 표현하는 한 문장을 무의식에서 끌어올리도록 집중해보자.

　이때 명심할 것이 하나 있다. 예컨대 '나는 훌륭해'라는 문장이 떠올랐을 때 이것을 단지 생각만 하는 것이 아니라 몸으로도 생생히 실감해야 한다는 점이다. 당신의 몸이 어떻게 이 말이 주는 좋은 기운을 느끼고 호흡하는지 의식적으로 감지하고 기억해야 한다.

　단호한 의지를 발휘하여 '나는 형편없어'라는 감정을 '나는 훌륭해'라는 감정으로 바꾸도록 노력해보자. 앞서 인간의 뇌에 대한 보상과 처벌 체계를 설명했다. 감정을 바꾸는 것 역시 이와 같은 맥락이다. 당신이 가진 처벌 체계를 보상 체계로 능동적으로 전환하는 것을 의도적으로 연습하고 배우면 가능하다.

당신이 만약 스스로에게 유익한 상태를 찾아내지 못했다면, 재프로그래밍할 수 있는 새로운 인생의 신조나 확언을 활용하면 된다. 우선 인생의 신념부터 살펴보자. 이것은 자기불안에 대항하기 위해 자신을 지탱할 만한 생각의 버팀목이 되어준다. 혹은 높은 차원의 의미에 지향점을 맞추는 것도 자기불안을 극복하는 데 도움이 된다. 인생의 지혜 혹은 신념은 어떤 고귀한 의미를 한 문장 안에 응축하도록 만든다. 자신을 깎아내리는 잘못된 내적 확신 대신 이런 문장들이 한 사람의 마음속에 내재화되면, 삶의 견인차이자 방향타 노릇을 톡톡히 해줄 것이다.

북극성처럼 인생의 나침반이 되어줄 말들은 인터넷이나 책에서 차고 넘치도록 찾아낼 수 있다. 그런 매체 말고도 할머니나 다른 친척, 주변의 믿을 만한 사람들이 입에 올렸던 주옥같은 말 중에 자신에게 맞는 것이 있을지도 모른다. 아예 자신만의 신조를 새로 만들어보는 것도 좋은 방법이다. 몇 가지 예를 들어보자.

• 싸우면 때때로 패배한다. 그러나 싸우지 않으면 무조건 패배한다!

   – 베르톨트 브레히트Bertolt Brecht

- 인생에서 중요한 건 좋은 카드를 가졌느냐가 아니라, 나쁜 카드를 어떻게 쓰느냐다! - 무명씨

- 어디서 왔느냐보다 어디로 가느냐가 더 중요하다! - 무명씨

- 다른 무언가가 아니라 자기 자신이 되는 자가 가장 위대하다! - 키에르케고르Søren Kierkegaard

- 타인에게 관심을 받는 가장 좋은 방법은, 타인에게 관심을 주는 사람이 되는 것이다. - 에밀 외쉬Emil Oesch

/ / /
자기긍정이 담긴 문장을 만드는 5단계

인생 신념과 함께 비슷한 치유 효과를 갖는 것이 바로 확언이다. 확언은 자신에 대한 긍정이 담긴 문장을 가리킨다. 이 문장을 꾸준히 반복하다 보면 생각을 바꾸고 그로써 감정과 행동을 변화시킬 수 있다. 확언은 무의식을 향한 구체적인 명령문의 형태를 가지고 있다. 지금까지 당신은 자신도 모르게 부정적인 방향으로 이 확언을 사용했을 것이다. '나는 형편없어' 같은 내적 확신이 딱 그런 예다. 이제 그 위력을 긍정적인 내용으로 역전시켜보자.

내 개인적인 경험만 비춰 봐도 확언을 통해 자존감을 높인 사람들이 많다. 이런 긍정적 확언은 너무 밋밋하지 않게 일정한 규칙을 따라 만들면 제법 큰 효력을 발휘한다. 지금 바로 그런 확언을 고안해보자. 다음과 같은 단계를 따라 시도해볼 수 있다.

1단계: 당신이 필요한 주제를 찾아서 구체적으로 언급해보자. 예를 들어 자신감을 더 높이고 싶다면 단순히 '나는 자신 있어!' 같은 표현으로는 부족하다. 오히려 자기회의를 더 강화할 뿐이다. '정신 나간 사람이 아니고서야 누가 그걸 믿겠어', '무슨 헛소리람', '자기만 속이면 된다고 생각하나 보지?' 같은 거부감이 마음속에서 반사적으로 일어나기 때문이다.

2단계: 좀 더 구체적이고 수용하기 좋은 표현을 떠올려야 한다. 가령 '나는 언제든 내 뜻을 말할 권리가 있어'라고 표현할 수 있다. 긍정적 확언을 이루는 문장은 항상 긍정문이고 현재형으로 '나'라는 대명사를 써서 서술해야 한다. '누구도 나를 함부로 대할 수는 없어'처럼 긍정적인 내용을 담는다 해도 부정어를 사용하는 표현은 효과가 없다. 무의식은 부정어를 이해하지 못한다. 지금 내가 당신에게 파란색 구름을 떠올리지 '말라'고 요구하면 어떤 일이 벌어질까? 저절로 파란색 구름을 떠올릴 수밖에 없을 것이다.

3단계: 긍정적 확언을 찾아내 정했다면 이제 당신에게 이 문장이 편하게 잘 들어맞는지 마음으로 검사해보자. 문장을 떠올렸을 때 마음이 편한 것만 선택하자. 조금이라도 거북하거나 저항감이 드는 문장은 나중에도 효과가 없다.

4단계: 선택한 긍정적 확언을 종이에 최소 열다섯 번 쓴다. 주변 환경이 허락한다면 가장 좋아하는 색깔의 펜이나 물감으로 이 문장을 종이에 써서 시선이 제일 많이 가는 곳에 붙여둔다. 소리 내어 말하고, 생각하고, 혼잣말로 중얼거리는 등 최대한 여러 방법으로 이 문장을 반복해서 머릿속에 떠올리자. 반드시 감정을 함께 떠올리며 진심으로 되풀이해서 말하고 떠올려야 한다. 당신이 바라는 그 상태를 마음으로 상상하고 느끼려고 노력하자.

5단계: 누군가 다른 사람, 친구나 동료가 당신에 대해 이 문장을 입에 올리는 장면을 상상하면 매우 효과적이다. 예를 들어 당신의 친구가 다른 사람에게 하나의 사실로서 "맞아. 요한나(당신의 이름)는 언제든지 자기 뜻을 말할 권리가 있어"라고 전달하는 장면을 눈앞에 그려보는 것이다. 단, 이때 당신의 이름이 또렷하게 언급되는 것을 상상 속에서 들어야 한다.

확언을 만들 때는 특히 부정적인 내적 확신에 직접 맞서는 말을 대응시키면 더욱 효과적이다. 당신 마음 깊은 곳에 '나는 아무짝에도 쓸모없어'라는 내적 확신이 있는 경우, 이 불안에 적중하는 긍정적 확언이 좋은 효과를 낼 수 있다. 다만 앞서 말했듯 단순히 '나는 귀한 사람이야' 같은 식이면 오히려 내적 저항감만 불러일으킬 가능성이 크다. 그 대신 본인이 수용하기 좋은 대항 프로그램을 떠올려보자. 예컨대 '내 아이들에게 나는 정말 귀하고 소중한 사람이야!' 혹은 '나는 매일 나의 가치를 조금씩 더 발견한다!' 같은 것이면 적당하다.

이 시점에서 우리가 추구하는 변화 프로세스의 핵심을 한 번 더 짚고 넘어가면 좋을 듯하다. 먼저 당신이 염두에 둘 것이 있다. 당신 안에 뿌리박은 내적 · 심리적 프로그램을 알아차리고 이로부터 거리를 두는 것이다. 자기한테 내재화된 프로그램을 이해하고 나면 이를 대체할 다른 판단 경로가 생긴다. 이로써 그 프로그램을 바꿀 수도 있다. 그렇지 않으면 이미 설치된 프로그램이 자신도 모르게, 아무 제지 없이 자동으로 작동된다.

자기 내면에 어떤 프로그램이 존재하는지 속속들이 의식하면서도, 좀처럼 바꾸기 어렵다고 말하는 사람들도 있다. 그렇다면 아직 프로그램을 정확히 파악하지 못했다고 말하는 편이 맞을 것이다. 실제로 프로그램을 전부 알고 나면 무엇이든 변하는 것이 생긴다. 나에겐 모든 것이 명확하다고 생각하기 때문에 아직 무언가 어긋나거나 바뀌지 못하는 것이다. 혼자서 스스로를 분석하다 보면 때때로 이렇게 전혀 빗나간 결론이 나오기도 한다.

자존감 결핍에 시달리는 사람은 모두 예외 없이 자신이 정말 형편없거나 못생기거나 하찮은 것이 아니라, 부족한 자존감 때문에 그렇게 믿는 것일 뿐이라는 사실을 정확히 이해해야 한다. 어디까지나 머릿속에 자리한 프로그램에 불과한 것이다. 그래서 자존감과 이성을 구분하고 거리를 두는 것도 필요하다. 내면아이와 소통할 때도 마찬가지다. 이 역시 우리 안의 내면 프로그램 중 유아적이고 비합리적인 부분과 어른스럽고 합리적인 부분을 의식적으로 구분하는 작업이 전제되어야 한다.

마음의 대차대조표
만들기

명확한 자아상을 마련하기 위해서는 우선 당신의 신상 목록을 일목요연하게 정리해볼 것을 권한다. 이 신상 목록을 바탕으로 당신이 어떤 능력이 있고 어떤 장단점을 가졌는지, 그래서 스스로 어떤 사람인지 조금 더 알 수 있을 것이다. 신상 목록은 다음과 같은 주제별로 작성한다.

나의 감정

내게 어떤 감정이 자주 느껴지는가? 분노, 기쁨, 뿌듯함, 애도, 연민, 사랑, 불안, 실망……. 나는 스스로에게 이 감정들을 기꺼이 허락하는가? 나는 이 감정들을 어떤 식으로 다루는가?

나의 성격 요소

한 사람에게 나타나는 성향은 무척이나 많다. 여기서는 당신이 이 항목을 채우는 데 참고가 될 만한 몇 가지만 예로 들어보자. 솔직하다, 도움을 잘 베푼다, 참을성이 부족하다, 소심하다, 쾌활하다, 개방적이다, 겁 많다, 지적이다, 너그럽다, 게으르다, 인색하다, 유쾌하다, 순하다, 발끈한다, 공격적이다, 공명심이 많다, 자기주장이 약하다…….

나의 가치관

당신은 삶에서 어떤 가치가 중요하다고 여기는가? 박애, 자기애, 정의, 교양, 능력, 정직, 우정, 돌봄, 책임, 시민 정신, 관용, 진실성, 자율, 깨달음, 지혜, 신뢰, 충성심, 신의, 용기 등…….

나의 관심사와 취미

당신이 중요한 의미를 부여하면서 흥미를 느끼는 것을 적어보자.

나의 약점과 강점

되도록 사실에 입각해서 당신의 약점과 강점을 평가하고 적어보자. 성격적인 면에서의 강점, 약점과 능력 면에서의 강점, 약점을 나누어 모두 적는다.

나의 내적 확신

당신이 여태껏 버리지 못하고 끌고 다니는 부정적인 내적 확신을 떠올려본다. 틈만 나면 당신의 귓전에 울리는 말은 무엇인가? 또한 이 부정적인 확신에 대응할 만한 긍정적 확언은 무엇인가?

이제 위에 적은 것을 다시 한 번 훑어보고 스스로에게 이렇게 물으며 평가해보자. '이 가운데 무엇이 부모에게서 온 것인가?' 아래와 같은 기준들을 참고하면 도움이 될 것이다.

감정 평가 기준

위에서 정리한 감정 가운데 어떤 감정이 부모한테서 환영받았고 어떤 것은 배척당했는지, 각각의 감정들을 부모가 어떤 식으로 다루었는지 떠올려본다. 그리고 가능하다면 당신은 감정을 다루는 데 어떤 방식이 옳고 적절하다고 보는지 생각해보자. 아마 이 질문에 대답하기가 퍽 힘들 테지만, 떠올리고 답해보려고 시도하는 것만으로도 자신의 감정 세계를 엿보는 데 큰 도움이 될 것이다.

성격 요소 평가 기준

부모로부터 어떤 영향을 받았는지 되짚어보자. 부모는 당신의 어떤 성격을 열심히 치켜세우고 칭찬했는가? 당신의 특정 성격에 대해 주변에서 거듭 언급한 적이 있었는가? 그것은 무엇인가? 혹시 당신의 성격은 부모를 모방한 것인가, 아니면 유전된 것인가?

가치관 평가 기준

부모가 보유했던 가치관과 당신의 것을 비교해보자. 부모는 무엇을 중요하게 여겼는가? 어떤 것에 가장 큰 가치를 두었는가?

관심사와 취미 평가 기준

마찬가지로 부모의 영향이 있었는지, 있다면 무엇인지 떠올려보자.

강점과 약점 평가 기준

이 항목은 특히 양육 환경을 비추어 보며 생각하길 바란다. 가정에서나 학교, 친구들 사이에서 무엇이 당신의 약점이라고 얘기를 들었는가? 당신의 강점은 어떤 근거에서 비롯하여 판단한 것인가?

내적 확신 평가 기준

부모 혹은 중요한 양육자, 성인이 당신에게 심어준 내적 확신은 어떤 것인지 곰곰이 되돌아보자.

결론부터 말하면 지금까지 제시한 작업 과정은 모두 내면을 수정하고 재정비하기 위한 것이다. 만약 당신이 조상 대대로 전해 내려온 집을 물려받았다고 치자. 당신은 집 안으로 들어가 하나하나 살피면서 무엇은 괜찮고 무엇은 그대로 둘지, 무엇은 없애고 무엇은 수선하거나 좀 더 보강할지 결정할 것이다. 당신에 대한 신상 목록을 작성한 후 고찰하고 평가하는 일은 이런 맥락에서 필요한 작업이다. 당신의 태도, 감정, 가치관 중에서 당신에게서 나온 것이 아닌 것, 진짜 내 것이 아닌 것, 부모한테서 여과 없이 물려받은 것을 정리하고 청산하는 것이 목적이다. 물론 부모에게서 전해진 것이라고 죄다 나쁜 것은 아니다. 그러나 당신의 자아상에 부모가 끼친 영향들이 당신 마음에 드는지, 그것에 당신이 동의할 수 있는지 확인하는 것은 중요하다. 만약 당신이 동의한다면 그것들은 그대로 남아 있어도 된다. 아니라면 그것들과 결별하고 그 자리에 당신 스스로 새로운 것을 채워넣으면 된다.

이 작업이 꽤 쉽지 않고 까다롭다는 사실을 나도 잘 안다. 하지만 적어도 한 번쯤 어린 시절이 당신의 인생 여정에 어떤 짐을 얹어주었는지 떠올리는 과정은 상당히 의미가 있을 것이다. 다만 이 작업이 아무리 필요하고 중요한 것이라 해도 당신이 할 수 있는 만큼만 수행하길 바란다. 이것이 도리어 완벽주의나 고통스런 번민으로 발전하지 않아야 한다.

5

비판 한마디에
무너지지 않기

✦

"솔직하되, 우아하게! 사람들과 편해지는 연습"

낯선 모임에서 다른 사람들을 따뜻한 시선으로
바라보자. 사람들이 말 그대로 '따스한' 햇볕에
휩싸여 있다고 상상하고 그 온기를 느껴보자.
주변 사람들 모두 각자 자기만의 우여곡절과
근심을 안고 살아가는 사람들이라는 걸 의식하자. …
서로를 높여주고 칭찬하는 그 순간만큼,
'더 좋은 사람'이 되어보는 것은 꽤 근사한 경험이다.

100퍼센트 인정받고 싶은
소망에 관하여

"솔직히 친구야 많았으면 싶죠. 꼭 많지는 않더라도 친구들이 항상 나를 100퍼센트 인정해주었으면 좋겠어요!"

실제로 자존감이 낮은 이들 중 다수가 같은 문제를 호소한다. 우정에서나 다른 생활 영역에서나 이들은 한 치도 부족함이 없는 확실성을 바란다. 가벼운 비판을 듣거나, 상대가 대화 중에 잠깐 한눈을 팔거나, 자기 생일을 까먹거나, 전화해주기로 하고 잊어버리거나, 자신과 반대되는 견해를 보이거나, 말실수를 하거나 하면 마음이 불안한 이들은 금세 상처받거나 버림받았다고 느낀다. 이 때문에 자존감이 결핍된 이들은 우정이 위태로워지기도 하고 애초에 친구 사귀는 데 어려움을 겪는다. 너무 쉽게 상처를 받다 보니 친구들 입장에서는 도무지 어떻게 해야 잘하는 건지 분간이 어려운 경우도 있다. 늦든 빠르든 언젠가는 친구들이 자기불안을 가진 당사자 주변에 잔뜩 깔린 지뢰 중 하나를 덜컥 밟는 일이 생길 것이다. 그러면 자기불안의 주인공은 또다시 상처받고 실망해서, 대체 진정한 우정은 어디서 누구와 맺을 수 있나 싶어 크게 탄식할지 모른다.

그러나 부디 당신의 친구 역시 당신처럼 전혀 완벽하지 않은 평범한 사람일 뿐이라는 사실을 분명히 의식하자. 세상에 완벽한 소통은 없다. 사람이 함께 있다 보면 언제 어디서든 의도치 않게 상처를 주기 마련이고, 상대방에게서 오해나 잠깐의 소홀한 태도가 발견될 수도 있다. 만일 누군가 친구들이 자신에게 100퍼센트 관심을 기울여주고 자기 욕구를 완벽하게 이해해주길 바란다면, 안됐지만 크나큰 오만이고 환상이다.

불안한 사람은 낮은 자존감 때문에 자신을 함부로 다루면서도 동시에 바로 그 이유 때문에 지나치게 대접받고 싶어 한다. 굳이 표현하자면 자기불안의 역설이다. 이들은 스스로도 못 믿고, 남도 잘 믿지 못한다. 실망할까 봐, 상처받을까 봐, 그리고 특히 그런 것에 자신이 심하게 고통을 겪을까 봐 전전긍긍해서다. 이 심리가 확장되면 애정 관계에서도 상대에게서 버림받는 일이 생길까 봐 처음부터 아예 가까이 다가서지도 않는다(앞서 말한 애착 불안이 같은 이야기다). 만약 '이 정도는 견딜 수 있어', '괜찮아. 이것 때문에 흔들리지는 않아'라는 자기신뢰가 있다면, 좀 더 편한 마음으로 타인과 함께 있을 수 있고 그들이 저지르는 '과오'도 너그럽게 넘길 수 있다.

당신이 혹시 쉽게 상처받는 유형에 속한다면, 그런 일이 생겼을 때 사소한 오해와 혼자만의 상상으로 비롯된 것이 아닌지 생각해보길 바란다. 친구의 말이나 행동을 곧장 나쁜 의도로 연결시키지 않으려고 해보자. 어쩌면 상대방이 전혀 다른 의도였을 수도 있다는 점을 떠올려도 좋고, 정 의심이 든다면 그냥 솔직하게 물어보자. "방금 그거 무슨 뜻이야?"

그리고 상대가 하는 답을 허심탄회하게 들어보자. 기억하자. 당신에게는 과거에 겪은 상처가 아직도 아물지 않고 마음속에 남아 있다. 당신이 지금 쉽게 아파하는 건 그것 때문이지, 친구가 한 말이 공격적이었거나 어떤 의도가 담겼기 때문이 아니다.

숨어 있기 좋은 방에서 탈출하라

자존감을 튼튼하게 키우고 싶다면, 이제 당신의 가장 큰 목표는 용기를 내어 마음을 열고 인생을 직접 관장하는 것이 되어야 한다. 은신처를 나와서 자신에게 가는 길을 떠나라. 당신이 숨어 있는 은신처가 외부로부터 당신을 지켜줄 거라고 믿지만, 그것은 환상이다. 거기 숨어 있는 것은 이득보다 해가 더 많다.

아마도 당신은 어릴 적 부모에게서 사랑받고 인정받기 위해 부모의 기대에 부응하고 말 잘 듣는 아이가 되어야 한다는 확신을 가졌을 것이다. 혹은 자신을 방어하고 호락호락 넘어가지 않겠다는 충동이 지배적인 사람이라면 타인의 기대에 거역하기로 마음먹었을지도 모른다. 어느 쪽이든 적절하고 호의적인 언어로 자기 입장을 표현하는 것이 어렵고 힘들다. 솔직하고 명확한 태도로 타인과 대화하는 방법을 터득하면, 자기 삶에 대한 영향력이 생기고 자연스레 자부심도 커진다.

"왜 그때
아무 말도 안 했나요?"

지금까지 설명한 것을 미루어봤을 때 불안한 사람들이 가진 가장 큰 문제가 무엇일까? 자기 의견과 바람, 감정에 대해 솔직하게 이야기할 용기를 못 낸다는 사실이다. 이들은 끊임없이 자신이 남보다 뒬까 봐 걱정한다. 상담을 하다 보면 자기불안이 있는 사람들에게서 특히 눈에 띄는 점이 있다. 이들은 뭔가 하고 싶은 말이 있어도 말을 못하는 정도가 아니라, 자신에게 발언권이 있다는 것조차 떠올리지 못한다. 가급적 뒤에 물러나 있고, 개입하지 않으며, 남에게 권리를 내주는 것을 너무나 당연하게 여겨온 탓에, 자신이 말을 하면 된다는 사실에 생각이 미치지 못한다.

상담하면서 내담자들이 불편한 상황에서 아무 말도 안 하고 넘어간 적이 많다는 것에 놀라며 내가 종종 이렇게 물었던 것이 기억난다. "왜 그때 아무 말도 안 했나요?" 매번 자기가 말해도 된다거나 말할 수 있다는 사실이 아예 머릿속에 떠오르지 않았기 때문이라는 대답이 돌아왔다. 상대방이 나보다 잘났다는 선입관에 지배당한 탓에 자기주장을 하고 싶은 충동마저 곧잘 압사당했던 것이다.

　반면, 욱하는 유형의 경우 방어하고 항변하기는 하지만 너무 공격적이거나 엉뚱한 곳에 화살을 돌리는 경향이 강하다. 사소한 일에는 목숨을 걸고 덤비면서 정작 자신에게 중요한 일이나 진심으로 마음을 열고 소통해야 할 경우에는 입을 열지 못한다.

　그렇다면 이 불안과 두려움을 어떻게 극복해야 할까? 내 답은 간단하다. 더 높은 차원의 의미를 추구하면 가능하다. 예를 들어보자. 한 사람이 물에 빠진 아이를 구하기 위해 다리에서 뛰어내리려 한다. 다리에서 뛰어내리기 전, 이 사람은 무섭고 불안할까? 당연히 그럴 것이다. 하지만 아이의 생명을 구해야 한다는 더 높은 가치를 위해 자신의 불안을 극복하기로 마음먹은 덕분에 자기보호의 틀을 벗어던질 수 있다.

　다시 당신의 불안 이야기로 돌아오자. 당신이 자신의 의견, 바람, 불안, 욕구, 화, 불만을 이야기하지 않고 침묵을 지키면, 상대방에게 기회를 주지 않는 것이다. 당신은 그렇게 하면 스스로를 보호할 수 있다고 믿겠지만 착각이다. 자기보호보다 더 높고 큰 가치를 차단하고 포기하는 셈이다. 침묵할 때 버려지는 가치들은 예컨대 다음과 같다.

공정함

상대방이 당신의 속마음을 모르는 한, 그가 당신에게 올바로 행동할 기회는 거의 없다. 예를 들어 안나는 남자친구인 베른트에게 화가 났지만 이것을 알리지 않고 감춘다. 그럴 경우 베른트는 다음 여러 가능성 중 하나를 선택할 기회를 누리지 못한다.

• 혹시 있었을지 모를 오해를 해소한다.
• 본인이 상황을 바라보는 시각을 안나에게 이해받는다.
• 자신의 행동을 수정한다.
• 안나에게 사과한다.

안나를 화나게 한 베른트의 행동이 여러 차례 반복되면 안나의 화역시 켜켜이 쌓일 것이다. 베른트로서는 안나가 그 행동을 언짢아한다는 사실을 모르므로 그럴 가능성은 매우 농후하다. 결국 안나의 마음속엔 베른트를 향한 냉담한 분노가 쌓일 테고 이것은 둘 사이의 관계에 과부하를 일으킬 것이다. 하지만 안나가 적절한 때 솔직하게 마음을 밝혔다면 베른트는 선택의 기회를 놓치지 않았을 수 있다.

진실성

일신을 보호하는 것보다 더 높은 가치 중 하나는 진실성이다. 중요한 사안인데도 상대에게 내 의견을 전하지 않는다면, 그것은 진실성을 저버리는 행동이다. '가만히 있으면 중간은 간다'는 속담 탓에 자기 의견을 말하지 않는 이들이 의외로 많다. 물론 어떤 사안에서는 자중하고 소극적으로 자신의 입지를 지키는 것이 더 나을 수도 있다. 너무 까다롭고 힘든 상사와 일할 때나 아무리 봐도 자신이 불리한 상황일 때는 그런 태도가 더 맞을 수 있다. 하지만 대부분은 단지 비겁해서 자기 속내를 밝히지 않는 때가 더 많다.

예컨대 안나는 베른트가 너무 자기 고민만 얘기하고 안나의 사정에는 관심을 기울이지 않는다고 여긴다. 하지만 안나는 자기 생각을 밝히지 않고 혼자서 베른트에게 거리를 두고 관계를 정리하기 시작한다. 어째서 안나는 그에게 좀 더 자신에게 관심을 가져달라고 솔직하게 말하지 않는 걸까? 왜 그가 자기 안부를 물어보기 전에 자신이 먼저 요즘 있는 문제를 말하지 않는가? 베른트 입장에서는 안나가 할 얘기가 있다면 당연히 개의치 않고 할 거라고 믿고 있을지도 모른다. 아니면 안나의 말에 솔직하게 시인했을 수도 있다.

안나와 베른트가 자신의 심경을 솔직히 주고받았다면 둘 사이의 관계는 편해지고 서로를 더 신뢰하게 되었을 것이다. 하지만 안나가 침묵을 택하며 한발 뒤로 물러남으로써 둘 사이는 벌어지고 관계는 부실해질 수밖에 없다.

시민으로서의 양심

페터는 자주 자기 아내를 흉본다. 친구인 노베르트는 그 말이 굉장히 듣기 불편하다. 노베르트는 페터의 아내가 좋은 사람이며 비난받을 만한 점이 없다고 믿는다. 하지만 남의 부부 사이에 끼어들면 안된다는 생각에 차마 페터에게 아무 말도 못한다. '남의 개인사에 함부로 끼어들면 안 된다'는 논리로 포장하고 있지만 사실 노베르트의 태도는 양심을 외면하는 행동이다. 노베르트는 자기 의견을 말하고 페터의 아내가 존중받을 권리를 옹호하면 페터가 역정을 낼까 봐 두려울 뿐이다.

바로 이 대목에서 나는 우리가 지킬 것은 지키고 아닌 것은 아니라고 말할 의무가 있다고 강조하고 싶다. 자신의 신념을 지키기 위해 목소리를 내고 다른 이의 권리를 보호한다고 해서 목숨이 위태로운 것도 아니고, 직장을 잃는 일도 드물다. 시민으로서의 양심은 자신의 불안과 함께 놓고 저울질할 만한 대상이 아니라 반드시 수호해야 할 절대적인 가치다.

친구로서의 우정

친구란 자신이 품은 불안을 진솔하게 이야기하고 극복하는 데 매우 좋은 상대다. 그리고 진솔한 대화는 우정을 오래 지속시키는 자양분이 되기도 한다. 수년간 친구 사이가 계속되다 보면 때때로 마음에 걸리는 일이 생긴다. 그럴 때 속마음을 터놓고 말하지 않으면 우정에 금이 가고 악영향이 생긴다. 좋은 친구란 서로 비판도 하고 충고를 주고받을 수 있어야 한다. 친구가 아니라면 대체 누가 자기 결점에 대해 허심탄회하게 얘기해줄 수 있단 말인가? 친구가 값만 비싸고 품질 나쁜 화장품을 쓰는 것이 마음에 걸려서, 혹은 입 냄새가 나서 그걸 어렵사리 얘기해준다고 치자. 듣는 입장에서는 꽤 불쾌하고 기분 나쁠 수 있다. 하지만 마음이 맞는 가족을 제외하면, 어색함을 무릅쓰고 그런 얘기를 해주거나 들어줄 사람은 친구밖에 없다.

자기불안이 있는 사람은 속마음을 솔직히 얘기하면 자기에게 화가 돌아올까 봐 과도하게 걱정하는 경향이 있다. 하지만 용기를 내어 조금씩 시도하다 보면 그런 태도가 남들에게 얼마나 좋은 인상을 주는지, 그리고 자신의 걱정이 얼마나 지나친 환상이었는지를 발견하고 적잖이 놀란다.

나의 삶과 남의 삶에
개입한다는 것

잉에는 요즘 날카로운 말로 자기를 상처 주는 동료 때문에 힘들다. 마른하늘에 날벼락처럼 갑자기 공격하기 때문에 매번 뭐라고 답할지 몰라 당혹스럽다. 그래서 어떻게 말하는 게 가장 알맞은 대응일지 생각해보았다. 또다시 그 동료가 잔뜩 가시 박힌 말을 던졌을 때 잉에는 미리 준비한 말로 대응했다. "그렇게 상처 주는 말은 그만해줬으면 해. 그 말 때문에 사무실 분위기가 이유 없이 나빠지잖아."

잉에가 한 말은 간단하고 명료했다. 잉에는 굳이 동료와의 관계를 더 악화시킬 생각이 없었고 전쟁을 치를 마음도 없었다. 그래서 굳이 맞불 놓기 같은 작전은 포기하고, 자신이 원하고 생각하는 바만 그대로 전했다.

이 말에 동료는 어쩌면 이렇게 대꾸할 수도 있다. "뭘 그렇게 예민하게 굴고 그래? 그런 뜻으로 한 말도 아닌데." 이럴 때 잉에는 다시 한 번 말문이 막힐 수도 있다. 불안이 있는 사람은 대개 이 상황을 가장 무서워한다. 내가 뭔가 말했는데 상대가 여기에 대꾸를 한다. 그런데 할 말이 전혀 생각나지 않는다. 그러나 여기서 잊지 말아야 할 것은, 자신이 패배자로 남을까 봐 모든 걸 놓아버리지 않는 데 있다. 다시 말하지만, 말솜씨나 순발력은 필요 없다. 절묘한 말솜씨에 연연하다 보면 생각도 막힌다. 잉에는 그냥 이렇게 대답하면 된다.

- 내가 예민한 걸 수도 있지. 하지만 적어도 내 얘기를 듣고 좀 더 신경 써줬으면 좋겠어.
- 내가 예민한 건 결코 아닌 거 같아. 그리고 그런 뜻으로 한 말이 아니라면 이제부터는 그렇게 얘기하지 않았으면 좋겠어.
- 내가 말한 게 바로 그거야. 나는 방금 인신공격은 그만둬 달라고 말했지. 그런데 곧바로 내게 다시 예민하다고 트집을 잡았어. 그냥 그런 말을 안 하면 돼.

세 가지 대답 모두 특별히 기지가 넘치거나 달변가다운 말은 아니다. 그러나 잉에가 전하고 싶은 내용을 정확히 표현하고 있다. 잉에는 어디까지나 사건 자체에만 머물기로 계획했고, 자신의 불안이나 열등감에 휩쓸리지 않기로 마음먹었다. 그래서 마음속에 끓어오르는 감정보다는 대화 내용에 집중하려고 애썼다.

특히, 반드시 즉각 대답해야 할 의무는 없다는 생각으로 스스로를 안심시켰다. 한 시간 뒤여도 좋고, 이튿날 혹은 일주일 뒤여도 상관없다. 언제든 잉에는 하지 못한 대답을 동료에게 되돌려줄 권리가 있다. 이런 일은 대부분 시간에 쫓길 필요가 없다. 예를 들어 잉에가 일주일을 꼬박 보내고 나서 동료를 찾아가 이렇게 말해도 전혀 이상하지 않다. "지난번에 당신이 나에게 예민하다고 한 얘기를 곰곰 생각해봤어. 그랬더니 그 말이 더 나를 상처 줬다는 걸 알게 됐어. 앞으로는 그러지 말아줘. 우리가 서로 배려하는 쪽이 편하고 좋지 않을까?"

자존감이 낮은 이들 중 다수가 곧바로 답하지 않으면 이 상황에 대해 자신이 더 말할 권리를 잃는다고 단정한다. 하지만 잘못된 생각이다. 당장은 의사전달 기회를 놓쳤다 해도 적당한 기회를 봐서 그 권리를 사용하는 것은 어느 모로 보나 정당하다.

자신과 남의 삶에 개입한다는 것은 자존감을 키우는 데 매우 중요한 한 걸음이다. 자신과 타인의 삶에 적극적으로 영향력을 행사할 수 있다는 감정이 증대되고 입증되기 때문이다. 언어를 써서 자기표현과 자기주장을 시작하는 순간, 손쓸 수 없다는 무력감이나 좌절감은 상당히 해소된다.

자존감이 낮은 사람을 상담하다 보면, 이들이 말하는 능력이 없어서가 아니라 마음속 억압 때문에 생각이 차단되기도 한다는 사실을 발견한다. 역으로 불안이 있는 사람도 편하게 이완된 상태가 되면 의사를 전달할 표현이나 논거를 곧잘 떠올린다. 그러므로 반드시 굉장한 달변가가 되어야 한다는 의무감은 버리자. 고상하게 말하느냐,

더듬으면서 말하느냐는 중요하지 않다. 어디 가서 사회를 맡아도 될 만큼 청산유수로 대화를 주고받을 필요는 없다. 그저 당신이 하고 싶은 말, 그것만 되도록 객관적인 단어로 말하라. 당신이 어떤 인상을 줄지 걱정하지 말고, 당신의 목표만 염두에 두자. 당신의 목표는 이것이다. '나는 내 의사를 말로 표현할 것이고, 상대의 이야기를 듣고 이해하길 원한다.'

눈치 보지 말고 하고 싶은 말에 집중하라

앞서 얘기했듯, 상대방이 그런 식으로 의사소통하는 이유를 이해하는 것도 필요하다. 방금 살펴본 사례를 놓고 이야기해보자. 왜 동료는 잉에에게 그런 식으로 말하는 걸까? 잉에는 동료가 자신을 싫어한다고 추측했다. 그녀는 누군가 자신에게 호감보다는 적대감을 갖는 게 당연하다고 믿는 습관이 있었다. 자존감이 낮은 사람들에게서 흔히 보이는 특징처럼, 잉에가 내린 결론은 한참 빗나간 추측이었다.

실제로 잉에는 주변 사람들에게 호감을 주는 인물이었고 사무실에서도 꽤 인기가 있었다. 어쩌면 그 때문에 동료가 질투심을 느꼈을 수도 있다. 아니면 그 동료가 사생활에서 이런저런 고민이 많아서 자기 울분을 의도치 않게 잉에에게 풀었을 수도 있다. 그냥 천성이 세심하지 못해서 남의 예민한 부분을 건드리고 전혀 눈치채지 못하는 것일 수도 있다. 아니면 잉에가 자신도 모르게 동료의 기분을 상하게 할 어떤 일을 했는지도 모른다. 그리고 이 동료가 정면으로 갈등을 마주할 용기가 없어 에둘러서 그런 까칠한 말투를 남발했을 가능성도 있다.

어쨌든 잉에는 동료에게 어째서 그런 독한 말들을 하는지 솔직하게 물어보고, 둘 사이의 관계를 직접적인 방식으로 풀어볼 수도 있다. 그럴 때 잉에는 이런 식으로 말을 건넬 수 있다. "당신이 나한테 자꾸 가시 돋친 말을 하는 게 너무 신경 쓰이고, 때로는 몹시 상처받기도 해. 그래서 묻는 건데, 이유가 뭐야?" 이 질문에 이런 대답이 돌아올 수도 있다. "그 말이 맞아. 가끔 내가 까칠하게 굴 때가 있지. 사실 내가 얼마나 많이 당신 일을 덜어주는지 인정받지 못하는 것 같았어." 그렇다면 두 사람 사이에서 이 주제로 좀 더 이야기를 나눠보면서 서로 몰랐던 점을 알고 이해를 넓혀보면 좋을 것이다.

한 번 더 정리해보자. 상대방을 당신보다 우월하거나 능력이 뛰어난 존재라고 여기지 말고, 그냥 당신과 마찬가지로 장단점을 함께 지닌 보통 인간으로 바라보자. 옳고 그름을 따지는 데 정력을 쏟지 말고, 합의점을 찾고 눈높이를 맞추는 데 몰두하자. 겉으로 어떻게 보일지가 아니라 하고 싶은 말에 집중해야 한다. 마음속의 불안감이 아닌 대화의 내용에 초점을 맞추자. 상대방이 하는 얘기에 귀를 기울이고 마음을 열고 그 논리를 고려해보자. 상대의 말에 열린 태도를 갖고, 당신이 잘못 알고 있었을 가능성을 열어두자. 오해는 비난받을 일은 아니다. 다만 그것을 푸는 것이 더 중요하다. 솔직한 마음으로 경청하면서 오해를 해명하고, 그 과정에서 당신이 잘못 판단한 것이 있다면 갈등의 당사자에게 그렇다는 사실을 간단히 고백하자. 그것만으로도 모든 것이 달라지고 해결되기도 한다.

내가 먼저
상대를 왜곡한 건 아닌지

불안이 내재한 이들은 대인 관계에서 심각한 문제 하나를 겪는다. 자신의 열등감과 불안 때문에 스스로의 약점을 상대방에게 투사하는 것이다. 앞서 피트니스 센터에서 만난 요한나에게 열등감을 느끼며 화를 냈던 주잔네를 떠올려보자. 그것을 참고삼아, 어떤 갈등 요소에 대해 누군가와 이야기해야 할 필요를 느낀다면 그전에 당신이 유발한 부분은 무엇인지, 혹시 상대방을 왜곡하여 인지한 부분은 없는지 살펴보길 바란다.

자기불안을 지닌 이들은 상대방이 한 말과 행동을 유독 부정적인 쪽으로 해석하려는 경향이 있다. 그래서 자칫하면 엉뚱한 착각을 할 위험이 크다. 자신감이 없고 불안한 이들은 너무 쉽게 서운해하며 열등감이 심하다. 특히 자신보다 우월하고 심지어 권력을 가졌다고 생각하는 대상에게는 더욱 공정하지 못한 판단을 내릴 때가 많다.

비비안과 카르멘은 친구 사이다. 비비안은 예쁘고 자신감 넘치는 친구가 대단해 보인다. 동시에 자신이 더 이 우정에 매달린다는 느낌이 항상 마음 한구석에 있다. 비비안은 카르멘이 하는 말이면 생각도 안 해보고 고개를 끄덕인다. 심지어 카르멘과 생각이 달라도 감히 반대할 엄두를 못 낸다. 마음속으로 카르멘을 우상화하고 우러러보기도 한다. 안타깝게도 우상화란 자연스레 위와 아래를 만들고 우열을 생산한다. 하지만 카르멘 역시 다른 사람처럼 당연히 강점도 있지만 약점도 있다. 그중 하나가 파티에만 가면 많이 마시고 취하는 버릇이 있다는 점이다. 카르멘은 정신이 말짱할 때도 소심함과는 거리가 먼데, 하물며 취하고 나면 가끔 행동이 지나치고 난폭해질 때가 있다(물론 비비안의 시각으로 보자면 그렇다).

그럴 때면 비비안은 너무 창피하고 당황스럽지만, 아직까지 카르멘에게 한 번도 그 얘기를 하지 못했다. 비비안 입장에서는 감히 카르멘에게 충고하는 건 상상도 못할 일이다. 더구나 카르멘은 기분이 들뜨면 특히 수다스러워지고 말을 거침없이 하는 경향이 있다. 얼마 전 비비안이 기절할 만큼 당황한 사건도 그런 경우였다. 카르멘은 그녀가 보는 앞에서, 비비안이 짝사랑하는 남자에게 비비안이 수줍음이 많다고 말해버렸다.

그 때문에 비비안은 카르멘에게 무척 화가 났다. 카르멘은 그런 어리석은 짓(역시 비비안의 시각에서)을 자꾸 저지른다. 그녀가 카르멘에게 부여한 우상성이 점차 흔들리기 시작했다. 그런데 카르멘과 이 문제에 대해 터놓고 얘기하는 대신 비비안은 다른 친구 안야에게 털어놓았다. 지금까지 어떤 창피한 일들이 있었는지 미주알고주알 이야기했고, 자신이 카르멘에게 완전 끌려다니는 기분이라고 토로했다. 안야는 비비안의 심정을 공감해주고 그녀 편을 들어주었다. 그러자 비비안이 카르멘에 대해 느끼는 회의는 점차 견고해졌다.

비비안은 시간이 갈수록 카르멘의 '지배'에서 벗어나야 한다는 '통찰'에 이르렀다. 비비안은 마음속으로 언제 어떤 상황에서 카르멘이 자신을 좌지우지하려 했고 창피를 주었는지 장부를 적듯 기억해나갔다. 하지만 카르멘은 여전히 제일 친한 친구였다. 결국 비비안은 오랜 고민 끝에 어쩌면 카르멘과 솔직하게 이야기를 나눠보는 게 낫겠다는 결론을 내렸다. 하지만 이 솔직한 이야기를 나누기까지 시간이 너무 지체됐고, 비난거리가 가득 찬 마음속의 목록은 끝이 안 보일 정도로 늘어난 상태였다. 게다가 그사이 비비안의 마음속에 분노가 축적됐다. 무엇보다 큰 문제는 비비안이 자신 또한 이 상황에 원인을 제공했다는 점을 깨닫지 못했다는 사실이었다. 바로 이 때문에 카르멘이 비비안을 휘어잡으려 했다는 비난은 공정하지 못한 것이 된다. 지금껏 자기 의견을 솔직히 말하지 않은 것은 비비안의 문제지 카르멘 탓이 아니다. 더욱이 비비안은 자기불안을 가진 탓에 너무 예민하게 반응하는 경향이 있었다.

객관적으로 보면, 비비안의 짝사랑 상대에게 그녀가 수줍음이 많다고 말한 것 자체는 비난받을 일은 아니다. 오히려 카르멘은 그 남성이 비비안에게 다가갈 용기를 주려고 했다. 더구나 이 남성도 비비안에게 관심이 있다는 인상을 받아서 뭔가 도움을 주고 싶었을지도 모른다. 또한 카르멘이 이따금 입이 가벼워서 말실수를 한다 해도, 어디까지나 그걸 창피하게 생각하는 건 비비안의 문제였다.

물론 그렇다고 카르멘이 한 행동이 무조건 옳다거나, 때때로 지나친 말들을 입에 올린 사실을 부정하려는 뜻은 아니다. 이렇게 자세히 묘사한 이유는 비비안이 단지 깨닫지 못했을 뿐, 이런 상황을 만든 데 그녀가 아무 역할도 하지 않은 게 아니라는 점을 확인하기 위해서다.

마침내 비비안이 카르멘에게 자신이 단정한 것들을 꺼내놓고 그 증거로 수년 전에 벌어진 일들을 조목조목 집어서 얘기하자, 카르멘은 소스라치게 놀랐다. 그리고 비비안이 잘못이라고 비난하는 것들 역시 대부분 부당하다고 여겼다. 카르멘은 그에 맞서 자신이 보는 관점을 하나하나 제시했고 자기 입장을 설명하려 애썼다.

그러자 비비안은 다시 한 번 카르멘과 허심탄회하게 얘기하고 오해를 푸는 건 불가능하고 의미 없는 짓이라는 잘못된 결론을 내렸다. 말해봤자 '어차피 자기만 다 옳다'고 말하고 그 어떤 비판도 수용하려 들지 않는다고 생각한 것이다. 또한 카르멘이 남 위에 군림하려는 성격이라는 것도 입증되었다고 여겼다. 결국 비비안이 자기 성찰 없이 일방적으로 대화한 탓에 카르멘은 이래저래 불리한 입장에 처했다.

그 사람이 정말 나를 깔보는 걸까?

위 예에서도 드러나듯, 모든 문제가 반드시 터놓고 얘기한다고 해결되는 것은 아니다. 당사자가 자신에게도 원인과 책임은 없었는지 자세히 되묻고, 자신의 문제를 슬그머니 남에게 떠넘기지 않았나 살펴보는 과정이 반드시 필요하다. 아무리 가까운 사이라도 모든 비판이 다 정당한 것은 아니다. 이 책을 계기로, 당신 역시 관계에서 일어난 문제에 자신이 기여한 점은 무엇인지 알아차리는 감수성을 키워보길 바란다. 특히 상대방이 겉보기에 나보다 뛰어나다는 생각이 들면, 일단 그것부터가 왜곡된 인지일 가능성이 있으므로 조심과 신중을 기할 것을 권한다. 비비안은 물론이고 앞에서 본 아힘의 사례 역시 그런 인지왜곡 때문에 일어난 일이다.

무엇보다도 자신에게 가장 정직하려고 노력하자. 예컨대 이런 질문을 스스로에게 던지는 것도 좋은 방법이다.

- 저 사람은 정말 어이없는 인간일까, 아니면 다른 이유로 내가 저 사람을 시기하는 걸까?
- 이 사람은 정말 위압적일까, 아니면 단순히 내가 용기가 없어서 솔직하게 말하지 못하는 걸까?
- 그 사람이 정말 나를 깔보는 걸까, 아니면 내가 가진 자기회의 때문에 그렇게 보이는 걸까?

마음을 열고 상대방에게도 얘기할 기회를 주자. 이런 질문을 품게 되었다고 알린 후, 상대방이 하는 말을 듣고 그 사람의 입장을 이해해보려 하자. 카르멘이 자신은 비비안의 마음을 읽을 수가 없으니 어떻게 그걸 다 알았겠느냐고 대답했을 때, 그 말에는 분명 일리가 있었다. 하지만 비비안은 그 말에도 여전히 마음을 열지 않았다. 도리어 안야라는 다른 친구도 자기 입장을 두둔한다는 사실에 힘입어 자신이 보는 시각을 결코 포기하려 들지 않았다. 결국 카르멘에게 제대로 된 기회를 주지 않은 셈이다.

자기 입장을 양보하지 않는 사람과
대화하는 법

갈등 해결의 또 다른 문제를 다른 각도에서 관찰해보자. 불안한 이들은 자신이 갈등에 대해 먼저 얘기를 꺼내도 되는지, 혹은 자기 관점이 틀린 건 아닌지 확신하지 못해 갈팡질팡한다. 특히 사실관계가 아니라 자신의 입장을 역설해야 할 경우에는 이 불안이 더욱 강하게 작동한다. 그럴 때 자신의 관점이 완전한지, 혹시 틀린 점은 없는지 몰아붙이는 경우도 적지 않다. 하지만 이것은 생각의 오류에서 오는 문제다. 중요한 건 옳고 그름이 아니라 논리다!

대화의 목적은 이기고 지는 것이 아니라 상호 이해와 합의이다. 자존감이 부족한 이들은 자신이 열세로 밀릴까 봐 걱정하는 마음 때문에 그 불안감에 미리 대처하느라 상당한 에너지와 시간을 낭비한다. 하지만 그보다는 자기 입장을 강력히 내세우려면 어떤 논리가 필요한지 숙고하는 것이 더 우선이다. 나 역시 어떤 입장을 내세우고 싶을 때는 그것을 뒷받침할 논리부터 마련한 후, 다른 누군가가 더 나은 논리를 들고 나올 때까지 내 입장을 변호한다. 그러다 다른 사람의 논리가 더 나아 보이는 순간이 오면 순순히 이렇게 말한다. "당신 말이 맞네요!"

단순하게 생각하면 쉽다. 누군가의 논리가 더 정당해 보일 때 내가 그것을 인정한다고 해서 누가 나를 해치거나 재갈을 물리는 것도 아니다. 틀린 주장을 했다고 해서 비난받아야 할 이유는 없다. 무엇이든 더 배우고 발전하는 것이 우리의 진짜 목적이다. 다만, 나보다 더 좋은 논리를 내세우지 못한다고 해서 상대를 압박하거나 승리감에 빠지는 등 극단으로 치달아선 안 된다. 그냥 내 입장을 전개하고 표현하는 데서 멈춰야 한다. 때로는 내가 더 유리한 논리를 보유했다고 보이는데도 상대가 여전히 자기 입장을 양보하지 않아서 합의에 도달하지 못할 때도 있다. 그럴 땐 '그냥 그런 채로 놔두는' 것도 좋은 방법이다.

당신이 원하는 입장이 있지만 그걸 내세우는 게 정말 맞는지 모르겠다면 어떻게 해야 할까? 그 관점을 뒷받침할 때 어떤 논리로 표현해야 좋을지 깊이 고민해보길 바란다. 아마 한 가지 논리가 떠오르면 그에 반대되는 논리도 함께 떠오를 것이다. 그럼 이 반대 논리로 당신 생각이 어느 정도 바뀌는지 확인해보자. 이런 식으로 분석해보고 결론에 도달했다면 그 생각을 말로 옮겨라. 상대방이 당신이 미처 떠올리지 못한 논리를 펼치고, 당신이 듣기에도 충분히 설득력이 있다면 기꺼이 수긍하자. 만약 잘 모르겠다면 생각해볼 시간이 필요하다고 말하자. 만약 상대가 아무런 반대 논리를 펼치지 않으면 당신의 논리를 그대로 지키면 된다.

아무리 노력해도 변하는 게 없다?

크리스티나는 연인인 베른트 때문에 화가 난다. 만날 때마다 약속 시간에 늦고, 그 약속조차 미리 하는 일이 드물기 때문이다. 크리스티나는 여가를 미리 계획하고 싶어 한다. 그래서 금요일 저녁 시간을 같이 보낼 수 있는지 없는지를 금요일 오후 늦게야 간신히 아는 게 싫다. 물론 베른트에게도 여러 번 말했다. 하지만 베른트는 자기 일이 워낙 고객의 주문이나 요청에 즉각 응대하는 방식이라 장기적으로 계획을 세우는 건 불가능하다고 답했다. 더구나 미리 계획을 세워서 행동하는 건 자기 생활방식에도 맞지 않는다고 덧붙였다. 즉흥적으로 아이디어를 떠올리고 움직이는 걸 더 선호한다는 거였다.

결국 두 사람의 이해가 충돌했다. 한쪽에는 예측 가능성과 계획을 원하는 크리스티나의 욕구가 있고, 다른 한쪽에는 유연성과 즉흥성을 원하는 베른트의 욕구가 있었다. 크리스티나는 베른트에게 일정상의 규칙이나 예측 가능성을 요구하는 것이 정당한지 확신하지 못했다. 베른트도 자기 방식대로 살 권리가 있는데 자신한테 맞추라고 요구하는 건 무리라는 느낌이 들어서다. 베른트에게는 두 사람이 같이 여가를 보내는 게 크리스티나만큼 중요하지 않은 것 같았다. 이 관계에 더 깊이 의미를 두는 쪽도 자신이라는 생각이 들었다.

결국 이 문제를 개선하기 위해 크리스티나는 나와 상담을 시작했다. 그리고 베른트에게 약속을 잘 지키고 일정을 계획할 수 있게 해달라는 요구를 전달하는 법과 그것을 뒷받침할 논리를 구체적으로 써보기로 했다. 곰곰이 생각을 거듭한 끝에 크리스티나는 몇 가지 논거를 찾아냈다.

- 시간 엄수는 상대방에 대한 존중의 표시다. 자기 시간을 잘 조직해서 내가 기다리지 않도록 배려하는 것은 베른트가 당연히 맡아야 할 책임이다. 내가 베른트의 생활방식을 지켜주기 위해 기다림을 대가로 치르는 건 정당하지 못하다.
- 연인 사이에서 주고받는 관계가 비슷하게 균형을 이뤄야 한다. 베른트는 무조건 내가 그에게 맞춰주길 기대한다. 그는 내가 원하는 계획성보다 자신이 원하는 즉흥성만을 우위에 둔다. 이제 내 욕구도 동등하게 존중될 수 있는 합의 체계가 필요하다.

크리스티나는 어떤 논리로 자기 요구를 뒷받침할지 생각하는 과정에서 자신의 입장을 대변하겠다는 확신이 더 강해졌다. 또한 지금까지 두 사람 사이에서 약속에 대한 원칙을 모두 베른트가 정했고 크리스티나는 그저 여기에 맞춰야만 했다는 점이 뚜렷이 드러났다. 그러면서 계획성을 원하는 자신의 바람도 상대가 원하는 즉흥성 못지않게 똑같이 정당하고 중요하다는 사실을 깨달았다. 베른트와 실제로 대화하니 이 점은 더 확실해졌다. 그에게는 크리스티나의 논리에 대항할 이렇다 할 다른 논리가 없었다. 크리스티나는 자신의 입장을 그대로 지킬 수 있었고, 다행히 두 사람 모두 받아들일 만한 좋은 합의점을 찾았다.

사실 위 사례에서 두 사람의 대화가 전혀 다른 방향으로 흘러갔을 가능성도 있다. 베른트가 미리 약속 잡는 걸 싫어하는 현상 이면에는 깊은 관계 장애가 내재해 있었다. 그런 탓에 크리스티나의 요구에도 그냥 뻣뻣하게 대응하거나 말로만 수긍하는 척했을 수도 있다. 그랬다면 크리스티나가 아무리 괜찮은 논리로 해결을 시도했더라도 변하지 못했을 것이다. 사실, 먼저 대화를 시도하고 좋은 논거를 마련하는 것 자체가 성공을 보장하지는 않는다. 아무리 노력해도 우리가 타인을 직접 바꾸거나 강요할 수는 없다. 우리가 직접 영향력을 행사할 수 있는 대상은 오직 자신뿐이다.

그럼에도 크리스티나는 베른트와의 관계를 개선하기 위해 자신이 할 수 있는 몫은 모두 시도했다. 중요한 건 그뿐이다. 베른트가 여기에 동참할지 말지는 크리스티나가 책임질 부분이 아니다. 이는 굉장히 중요한 대목이다. 자존감이 낮은 이들은 흔히 이렇게 생각하는 경우가 많다. '아무리 노력해도 바뀌는 게 없잖아!' 이 생각은 두 가지 면에서 틀렸다. 첫째, 서로 이야기를 나누는 것만으로도 바뀌는 것은 분명히 있다. 둘째, 실현 가능성만으로 행동할지 말지를 정하는 것은 별로 바람직하지 않다. 오히려 다음과 같은 충분한 사유가 행동을 이끌어야 한다. '이 상황을 바꾸고 올바로 행동하기 위해 내가 책임 범위 안에서 할 수 있는 일은 무엇인가?'

문제를 빨리 끄집어내야 할 때

이제 크리스티나의 불안을 좀 더 깊이 들여다보자. 그녀는 베른트에게 관계에 대한 구속력을 요구하면 그가 압박을 받고 자신을 떠날지도 모른다고 걱정했다. 이 추론은 틀리지 않았다. 실제로 베른트처럼 애착 불안이 있는 사람은 책임을 요구하면 대개 도망치는 것으로 반응한다. 이에 대한 내 생각은 이렇다. '끝없는 경악을 택하느니 경악하는 끝을 택하라.' 베른트의 태도는 크리스티나에게 분노를 일으키는가 하면, 그녀가 과연 언제까지 이런 관계를 감수하고 참아낼 수 있는가 하는 의문을 품게 한다. 뻔히 보이는 갈등 요소를 그냥 덮어두는 것은 아무 소용이 없다. 덮어두면 덮어둔 대로 갈등은 더욱 커질 뿐이다.

솔직하게 해결을 시도하는 것이 도리어 문제(베른트의 시간 약속 문제와 애착 불안 등)를 빨리 표면으로 끄집어내서 가시화하는 방법이다. 당장 보면 이 방법이 크리스티나가 침묵을 지킬 때보다 오히려 관계를 힘들게 할 수도 있다. 그러나 침묵만 지켰다면 장기적으로는 결국 베른트와의 관계가 파국으로 치달았을 테고, 크리스티나는 스스로를 탓하며 이렇게 생각했을 것이다. '왜 그렇게 오랫동안 베른트의 행동을 참아주고만 있었지? 왜 좀 더 일찍 문제 제기를 하거나 끝내지 못한 걸까?'

자기 욕구와 바람을 상대방에게 단도직입적으로 표현하는 것이 상대를 압박하는 것이고 그 때문에 상대가 달아날 것이라는 걱정은 충분히 이해된다. 하지만 여기서도 똑같은 규칙이 적용된다. 이 걱정을 해결하기 위해서는 역시 논리정연하게 분석할 필요가 있다.

- 나는 생각을 잘 표현하는 투명한 사람이다. 나는 내 상태를 스스로 책임지므로 누구든 과도하게 내 걱정을 하거나 고민할 필요가 없다. 나는 상대방도 그럴 것임을 전제하고 소통한다.

- 나는 공정성을 지키려고 노력한다. 이야기를 꺼내야 상대방도 나와의 관계를 매끄럽게 지속할 기회가 생긴다. 대화 중에 내 시각이 너무 편향되었거나 잘못됐다는 사실을 인지하면 문제 해결을 위해 타협하거나 내 입장을 포기할 용의가 있다.

- 갈등은 침묵으로 해결되지 않고 대부분 더 첨예해지며 장기적으로 관계도 나빠진다. 솔직하게 표현해야 관계가 편해지는 경우가 더 많다.

- 솔직한 의사표현만으로는 관계가 편해지지 못할 정도로 까다롭고 힘든 상황이라 해도, 그 시도로 또 다른 문제는 없는지 혹은 문제가 얼마나 큰지 일찍 알아차릴 수 있다.

마지막으로 당신의 논리만큼 대화 상대의 논리 역시 중요하다는 것을 이야기하고 싶다. 아마 누구나 한 번쯤 상대에게 부당하게 공격받은 데다, 그 상대가 전혀 이쪽 얘기를 들으려고 하지 않고 자기 논리만 고집하는 바람에 항변조차 못한 경험이 있을 것이다. 이것은 일종의 무시이며 경멸로, 그 대상이 된 피해자는 속수무책으로 당하는 듯한 무력감에 휩싸인다. 그럴 때 어떤 식으로 대응해야 할지는 다음 장에서 다뤄보겠다.

내 말을 들으려 하지 않는
사람의 속마음

당신이 어떤 얘기를 해도 상대방이 전혀 경청하려 들지 않아서 벽에다 얘기하는 심정이 들 때는 어찌해야 좋을까? 심지어 당신이 준비한 논리가 앞뒤가 들어맞고 여러모로 당신 입장이 옳은데도, 아무런 소득이 없고 대화에서 밀리는 느낌만 든다면? 아마 무력감이 밀려오고 내가 대체 무얼 하고 있나 싶을 것이다. 거듭 자기 입장을 설명하려 노력하지만 변명만 늘어놓는 꼴이 되기 십상이다. 이 상황의 핵심은, 대화의 목적이 논리와 이해가 아니라 상대가 처음부터 당신을 그렇게 제자리만 빙빙 맴돌다가 지쳐버리게 만들 속셈이라는 점이다.

이제 막 40대가 된 요나스는 위로 누나 셋을 두었다. 그는 어릴 때부터 누나들에게 항상 휘둘리는 기분이었고 자신이 약자라고 느꼈다. 어머니 역시 굉장히 명령조인 데다 위압적이었다. 이런 어린 시절을 보낸 탓에 요나스는 상반된 여성상을 갖게 됐다. 특히 자신감 있고 강한 유형의 여성에게 그 양가감정은 두드러졌다. 마음 한쪽에서는 그런 여성에게 끌리고 우러러보는 감정이 들었지만, 동시에 어릴 때 느꼈던 열등감도 피어올랐다.

요나스는 자신에게 이런 양가감정이 있다는 것도 몰랐고 달리 성찰해본 적도 없었다. 결국 그는 스스로 의식하지 못한 채 강한 유형의 여성만 보면 괜히 자기 힘을 행사하고 싶은 충동을 느꼈다. 지금껏 그는 여러 직장에서 여성 동료들과 크고 작은 마찰을 일으켰는데, 대부분 요나스가 상대를 깔보며 교만하게 행동했기 때문이었다. 이렇듯 팀원으로서의 자세가 부족한 탓에 몇 번이나 직장에서 해고되었고, 그렇잖아도 허술했던 그의 자신감은 더욱 타격을 입었다.

요나스에게는 여자친구 슈텔라가 있었다. 그녀는 매력적이고 일에서도 유능했다. 자기확신이 뛰어난 유형은 아니었지만 평소에 문제가 될 정도는 아니었다. 그러던 어느 날 슈텔라는 요나스와 함께 아는 지인 니콜라와 불쾌한 갈등에 휘말렸다. 슈텔라는 공평하게 행동하자는 평소 신념대로 가능한 한 합리적인 논리를 사용해서 해결을 모색하려 최선을 다했다. 하지만 전부터 슈텔라에게 열등감을 느꼈던 니콜라에게는 그런 것이 통하지 않았다. 그녀는 슈텔라의 얘기를 귀담아 듣지 않고 자신이 아는 '진실'에만 계속 초점을 맞췄다.

어느 날 길에서 요나스를 마주친 니콜라는 자신이 마음껏 각색한 사건 정황을 요나스에게 이야기했고 그는 그 말을 곧이곧대로 받아들였다. 요나스는 그 뒤 슈텔라를 만났을 때 이 일을 화제로 꺼냈다. 슈텔라는 당연히 오류를 바로잡으려 애썼다. 그녀는 줄곧 명확하고 납득할 만한 논리를 주장했을 뿐 아니라 몇 가지 증거도 확보해둔 참이었다. 니콜라와의 갈등에서 중요한 논쟁은 거의 이메일로 주고받았기 때문에 이것을 통해 누가 언제 어떻게 얘기했는지 다 입증할 수 있었다. 하지만 요나스는 슈텔라가 이야기하는 내내 못 믿겠다는 듯 입꼬리를 내린 채 팔짱을 끼고 있었다. 그 어떤 대목에서도 그녀를 믿는 듯한 기색을 보이지 않았다. 슈텔라는 증거로 이메일을 한번 읽어보라고 권했지만, 그는 단번에 거절했다.

그럼에도 그녀는 얘기하고 또 얘기했다. 요나스가 자신의 애인이고, 객관적으로 관찰하고 판단할 정도의 사람이라는 전제를 갖고 있었기 때문이다. 슈텔라는 당연히 자기에게 이해받을 가능성이 열려 있다고 믿었으나, 이는 안타깝게도 오판이었다. 요나스는 잘나가는 여자친구가 자신에게 변명하며 안달복달하고 애쓰는 모습이 고소했다. 드디어 그녀를(어머니와 누나들 대신) 제대로 심판하고 복수할 기회가 왔기 때문이다.

안타깝게도 슈텔라는 통찰과 고려를 거부하는 요나스의 경직된 태도에 너무 깊이 휘말리는 실수를 범했다. 그녀는 의도치 않게 요나스가 만든 대결 구도 안에 들어가버렸다. 그럴 바엔 차라리 대화를 몇 마디로 축약해버리는 것이 훨씬 나았을 것이다. 요나스가 니콜라 편을 들기로 결심한 것이 뻔히 보이는 이상, 상황을 짧게 정리하는 게 상책이었다. "좋아. 여기서 내가 변명할 필요는 전혀 없긴 해. 그래도 한 번쯤 내 입장에서 이 사건을 정확히 설명해줄 수는 있어. 솔직히 더 이상 흥분할 가치도 없는 일이야."

그렇게 '한 번만' 자신이 설명할 수 있는 방식으로 이야기를 해주고 나서, 상대방이 계속 적대감을 갖고 있음을 확인했다면 이렇게 덧붙이면 된다. "지금 보니 당신에게 논리로 다가가는 건 무의미한 행동 같아. 그걸 바라는 것 같지도 않고." 그런 다음 상대가 더 도발해도 대응하지 않는 편이 훨씬 현명하다.

아무 논리도 소용이 없다

의사소통을 하다 보면 화제 자체가 아니라 다른 갈등 요소가 끼어들어 대화를 엉뚱한 방향으로 끌고 갈 때가 적지 않다. 이 갈등 요소는 대화 당사자 중 한 사람 혹은 양쪽의 내면에 잠재되어 있거나 무의식적으로 형성되어 있다가 상대에게 투사되어 나타난다. 요나스가 강한 여성에게 갖는 콤플렉스를 슈텔라에게 투영한 것처럼 말이다. 하지만 슈텔라는 상대가 남자친구인 만큼 자신에게 호의적일 거라고 가정했기 때문에 상황을 잘못 판단했다. 앞뒤 맥락이 너무 명확하므로 상대가 자신을 이해해줄 것이라 착각하고 입이 닳도록 변명했던 것이다. 슈텔라처럼 특히 자기확신이 부족한 이들은 이런 상황에 부닥치면 '위기'에 봉착한다. 상대방이 워낙 완고하게 납득하길 거부하기 때문에 정말 자기 말이 맞는지 의심이 들고, 더욱더 상대가 고개를 끄덕여줄 때까지 매달린다.

그렇지만 어떻게 이런 답답한 상황을 재빨리 알아차릴 수 있을까? 당신의 논리도 합리적이고 그 논리에 대한 증거도 있다. 그런데도 상대가 당신이 준비한 논리를 무시하거나, 일부러 논리를 비껴가는 얘기만 하면서 귀담아듣지 않는다면 대화가 이루어질 조건이 갖춰지지 않았다고 봐야 한다. 대화의 분위기도 아주 중요한 징조다. 배타적인 태도는 대부분 거부감과 적개심이 드러나는 자세와 표정을 무의식적으로 동반한다. 요나스도 슈텔라 앞에 팔짱을 끼고 앉아 입꼬리를 삐죽 내리고 있지 않았는가.

보통 이런 상황에서만큼은 상대방이 친구도 무엇도 아니라는 사실을 빨리 알아차려야 한다. 게다가 상대방이 부당한지 당신이 부당한지도 판단하기 어렵지 않다. 상대가 당신이 제시한 논리와 근거를 약하게 만드는 구체적인 반대 논리를 펼치는지 확인만 하면 된다. 그냥 두루뭉술한 주장만 펼치고 있다면, 계속 당신의 논리를 유지하고 입장을 고수해도 된다.

또 한 가지 명심할 점은 말은 간단히 하라는 것이다. 필요하다면 대화를 그냥 끝내도 좋다. 그럴 경우 당신도 강인한 면을 보여줄 필요가 있다. 상호 이해를 추구한다면서 대화를 중단하라는 말이 모순으로 들리겠지만, 상대가 자신에게 내재한 권력 구조를 작동시키고 당신에게 헛수고를 계속하게 만든다면 다른 방법은 없다고 본다. 이런 경우 대화에 종지부를 찍는 것이 가장 현실적이고 안전한 방안이라고 생각한다.

'싫다'라는 말은
의외로 쉽다

자기확신이 약한 사람의 문제 중 하나가 '싫다'라는 말을 못한다는 점이다. 이 짧고 쉬운 단어 하나를 말하는 것이 그토록 어려울 줄이야. 거절을 못하는 성향은 남들에게서 인정받거나 최소한 외면당하지 않으려면 타인의 기대를 채워주어야 한다는 전제에서 유래한다. 이런 심리학적 상관관계는 수학 방정식과 비슷하다.

나는 형편없어 × 남한테 잘해줘야 해 = 남들이 나를 좋아해줄 거야

이 방정식에서 보듯 이들은 끊임없이 버림받을 것에 대한 두려움을 안고 살며, 사랑받을 가능성을 높이기 위해서 모두에게 잘해주려고 각고의 노력을 기울인다. 다만 이 방정식에서 첫 항, '나는 형편없어'부터 오류가 있다. 그래서 이 방정식 자체는 성립하지 못한다. 하지만 이 사실을 깨닫는 것부터가 당사자에게는 아주 큰 도전이다.

자존감을 손상 입은 이들 중 다수가 '나 자신' 그대로를 유지할 때에도 남들이 나를 좋아해줄 것이라는 생각 자체를 못한다. 이들은 너무나 확고하게 자신이 뭔가 달라야 한다고 믿는다. 그것도 '다른 누군가'가 되어야 한다고 믿는다.

그러다 보니 많은 사람이 이중의 삶을 산다. 마음속으로는 자신이 괜찮지 않다고 확신하므로 외부 세계에 자신의 내면을 철저히 숨긴다. 이들은 집 밖으로 나갈 때 항상 복면을 쓴다. 어떻게든 사회에서 배제당하지 않고 싶기 때문에 겉으로는 되도록 좋은 인상을 주려 애쓴다. 그래서 남들이 자신에게 바라는 것에 온통 주의를 기울인다.

무의식적으로 남들의 기대를 자신이 취해야 할 행동의 기준으로 삼아버렸기 때문이다. 남들을 실망시켜서는 안 된다. 실망시키면 버림받는다. 이것이 '불안' 행성의 자연법칙이다. '탄로 날지도 모른다'는 두려움, 즉 자신의 모든 결함을 주변 사람들이 볼지도 모른다는 불안은 이 행성 사람들의 행동을 견인하는 막강한 동기이자 기준이다. 남들의 기대를 채우는 것은 이 불안을 무마하는 수단이다. 이들은 스스로를 안심시키기 위해 이렇게 말한다. "모든 말에 '네!'라고 답하거나, 사정이 허락하면 심지어 '네, 여부가 있나요!'라고 답하자. 그럼 남들도 나를 어떻게 못하겠지."

이렇듯 자존감이 낮은 이들은 어디서든 자신에게 공격이 들어올 것이라는 불안을 끊임 없이 갖고 산다. 상대의 기대를 충족시켜주지 못하면 나에게 언짢아할 것이 뻔하고 그러면 공격의 빌미를 제공하는 것이라고 생각한다. 이들의 심리에 깔린 이런 불안은 생각을 흐리게 만들고, 끝내 본인의 입장을 아예 고려하지 않거나 그 중요성을 쉽사리 무시하도록 만든다.

날 계속 좋아해줄까?

반면 '확신' 행성에서는 다른 법칙이 지배한다. 이곳 주민은 자신과 타인을 호의로 대한다. 이들은 아무 이유 없이 무조건 상대가 악의를 품고 있을 거라고 전제하지 않는다. 자신이 상대의 부탁을 거절해도 상대에겐 그것을 이해할 능력과 아량이 있다고 믿는다. 이들은 스스로를 신뢰하고, '지금의 나'도 충분히 괜찮다고 여기므로, 남들을 신뢰하며 그들도 괜찮다고 여긴다.

이들의 자아는 크고 넓은 품으로 스스로를 항상 긍정한다. 그러니 굳이 애써 남의 승인을 받을 필요가 없다. 당연히 남의 판단에 매달릴 이유도 없고, 사랑받기 위해 완벽해야 한다는 전제를 고집할 필요도 없다. 그래서 이런 규칙을 남에게 요구하지도 않는다. 남들도 무언가 싫고 마음에 안 들면 아니라고 말할 것이며, 자신 역시 상대방에게서 거절당하는 일이 생긴다. 또한 이곳은 민주주의가 지배하므로 누구든 거절하고 반대할 권리를 똑같이 갖는다.

당신도 '확신' 행성에서 살고 싶다면, 자신을 호의 있게 대하는 것부터 시작해야 한다. 스스로를 대하는 시선이 다정하고 온화해질 수록 남들을 향한 시선 역시 호의적으로 바뀔 것이다. 이곳에서는 당신이 자신 편을 들어도 제지당하지 않는다. 여기서는 당신이 스스로를 위하고 응원해도 된다. 당신이 가진 권리와 남이 가진 권리는 동등하다. 사회에서 배제당하는 일은 오직 범죄를 저지를 때만 일어난다. 싫다고 말하는 것은 절대 범죄가 아니다.

'싫다'고 말하면 무조건 상대가 실망하거나 화를 낼 거라는 당신의 확신부터 바꿔야 한다. 실제로 '싫다'는 전혀 나쁜 말이 아니다. 이 사실을 알려준 것도, 점점 자신이 바라는 바를 입밖에 내는 용기를 갖게 된 나의 내담자들이다. 이들은 실제로 거절을 했을 때 상대가 싱거울 정도로 자연스럽게 받아들이는 것을 확인하고 깜짝 놀랐다고 한다.

A: 이번 주말에 나 이사하는데 좀 도와줄 수 있어?

B: 미안해. 이번 주말에는 아이들하고 나들이 가기로 약속했어.

A: 아, 그렇구나. 알았어.

용기를 내면 의외로 삶은 이렇게 쉽고 간단하다! 싫다고 말해도 될지 몰라 여전히 고민이 된다면, 앞서 말한 '논리로 대응하기' 전략이 큰 도움이 될 것이다. 즉, 당신에게 요구를 건넨 이가 어떤 권리로 화를 내거나 실망할지 구체적으로 떠올려보는 것이다. 어떤 논리가 이것을 뒷받침하고 어떤 논리가 그것에 반하는가?

어쨌든 결과적으로도 진심 아닌 '예스'가 솔직한 '노'보다 훨씬 상대방과 당신 사이의 관계를 망가뜨린다는 사실을 명심하자. '예스'를 남발하는 사람들이 상대에게 속으로는 잔뜩 증오와 분노를 쌓아놓고 있는 현상이 드물지 않게 목격된다. 속으로는 아이들과 함께 있고 싶지만 입 밖으로 이것을 내지 않은 탓에, 어쩔 수 없이 이를 바득바득 갈면서 친구의 이사를 돕는다. 그 짜증은 자신에게 뿐 아니라 이사를 도와달라고 말해서 이렇게 어이없는 상황을 만든(이쪽 시각에서만 놓고 봤을 때) 상대방에게 향한다.

적당히 선을
그어야 하는 시점

　불안한 이들은 비판을 들으면 무척 힘들어한다. 우리가 일상적으로 접하는 비판은 크게 두 가지로 나뉜다. 정당한 것과 그렇지 못한 비판이다. 이 장에서는 이 두 가지 비판에 대처하는 효과적인 방법들을 살펴보고자 한다.

　우선 정당한 비판부터 알아보자. 정당한 비판과 부당한 비판을 가르는 차이는 비교적 간단하다. 구체적인 행동이나 실수에 대한 것이라면 대부분 정당한 비판이다. 반대로 두루뭉술하고 모호하거나, 구체적인 행동을 지적한다 해도 너무 부풀려졌거나 해석에 오류가 있다면 부당한 비판이다. 비판을 하는 쪽이 굉장히 예민하고 쉽게 상처받는 유형이라면 부당한 비판을 가할 가능성이 있다.

　정당한 비판은 방금 말했듯 구체적이다. 처음에는 그렇지 못하더라도, 당신이 비판을 가하는 주체에게 더 정확히 말해달라고 요청하면 점점 구체성을 띠기도 한다. 예를 들어 누군가 당신에게 이렇게 말했다고 하자. "당신은 참 못 미더운 사람이야!"

이 말을 듣고 곧장 납득이 안 가면, 상대에게 언제 어떤 구체적인 상황에서 당신이 믿지 못할 태도를 보였는지 말해달라고 하자. 구체적인 상황을 제시하며 상대가 자신의 생각을 입증하기 시작하면, 이 비판이 정당한지 아닌지 대충 감이 잡힌다. 만약 이때 상대가 그런 입증을 하지 못하거나, "갑자기 예를 들어달라니, 무슨 소리야? 그런 세세한 걸 내가 어떻게 기억해?" 하면서 설명을 거부한다면? 십중팔구 이것은 부당한 비판이거나, 적어도 상대가 자신의 정당성을 위해 구체적인 근거를 제시할 책임을 지지 않은 것이다.

어쨌든 비판이 정당한 것이라면 당신이 취할 행동은 단 하나다. 그 잘못을 최소화하는 것이다. 잘못에 대해 사과하고, 앞으로 나아질 것을 약속하자. 절대로, 절대로 비판에 맞서 자신을 방어하거나 변명하거나 왈가왈부하지 말자. 그런 방법은 갈등을 확산하기도 하지만 상대방이 당신의 인격을 더 부정적으로 평가하게 되어 더 이상 당신과 소통하거나 관계를 맺는 것이 무의미하다고 여기도록 만든다.

앞서 자존감이 낮은 사람들의 공통점 가운데 쉽게 상처받는 성향과 수치심에 대해 언급한 적이 있다. 정당한 비판이라 해도 이들의 마음 깊은 곳을 뒤흔들어서 저절로 자기보호나 방어기제를 작동시킬 수 있다. 하지만 이때 일어나는 자기보호는 도리어 역기능을 일으켜 또 다른 문제의 원인이 된다. 자칫 상대는 원래 비판의 대상으로 삼았던 일에 덧붙여, 당신이 반성 능력이 없다는 점마저 질책할지도 모른다. 정당한 비판을 놓고 시시비비를 따지거나 변명하는 것 역시 일에서든 사적 영역에서든 자기 무덤을 스스로 파는 일이다.

비판은 비판일 뿐이다

정당한 비판을 받고 이를 계기로 성장하려면 어떻게 해야 할까? 일단 낯이 두꺼워야 한다. 당신이 어떤 비판을 듣고 아프고 힘들다면 십중팔구 수치심 때문일 수 있다. 실수를 저질렀거나 특정 상황에서 올바르게 처신하지 못했을 때 심하게 창피해하는 것도 같은 맥락이다. 다른 모든 영역에서 그러하듯, 또 한 번 당신은 자신의 '과오'를 확대해석한다. 하지만 그 누구도 완벽하지 않다. 당신은 갖가지 성향과 능력, 솜씨 하나하나가 꽃 한 송이, 한 송이처럼 한데 묶인 커다란 꽃다발과 같다. 이 꽃다발 속에서 한 송이 꽃이 꺾였다고 해서 나머지 꽃들이 없어지는 것이 아니고 그대로 온전한 모양과 향기를 발한다. 꽃다발은 그대로도 아름다우며 당신이 창피해할 이유는 전혀 없다.

그러므로 이런 상황에 놓이더라도 여전히 자신의 강점을 염두에 두자. 정당한 비판을 접했을 때 그것을 굳이 확대경으로 늘리는 함정에 빠지지 말아야 한다. 또한 당신이 가진 다른 능력은 제쳐둔 채 결점에만 온 신경을 집중하는 실수를 저지르지 않길 바란다. 자존감이 낮은 이들은 정당한 비판을 받았을 때 그것이 자신의 인격 전체가 낙제당했다고 믿는 생각의 오류에 자주 빠진다. 비판은 비판일 뿐 더도 덜도 아니다. 실수에 대해 비판을 받았다고 해서, 상대방이 당신을 근본적으로 능력 없는 직원이라거나 나쁜 친구로 단정했다는 뜻은 아니다. 당신을 몰아내거나 짓밟으려는 의도 역시 아니다. 상대방은 그저 특정한 행동, 특정한 실수를 지적하고 싶은 것뿐이다.

앞서 내면아이에 대해 살펴본 내용을 떠올려보자. 당신 마음속 내면아이의 손을 잡고 따뜻하게 위로해주자. 사람이니까 실수하는 게 당연하며, 다음에는 더 잘해보려고 노력하는 한 실수 자체가 나쁜 게 아니라고 말해주자. 앞서 말했듯 당신은 꼭 완벽할 필요는 없다. 그저 정직하게 노력을 기울이는 것만으로 충분하다. 비판에 대한 시각도 바꿔보자. 비판을 질타가 아닌 솔직한 피드백이나 충고로 간주하자. 건설적인 비판의 이면에는 거의 당신이 성장의 기회로 삼을 정보가 숨어 있다.

또한, 누군가 당신을 100퍼센트 있는 그대로 수용해주는 일은 없다는 걸 명심하자. 어떤 관계도 완벽하지 않다. 당신 마음속에 숨은 미모사 같은 예민함의 그물에서 이제는 벗어나자. 이 미모사 성향 역시 아무 말, 아무 일에나 예민하게 반응하는 것은 아니다. 정확히 우리가 불안을 느끼는 지점에 대해서만 민감성이 반응한다. 정당한 것이 됐든 부당한 것이 됐든, 어떤 비판이 우리 마음에 와서 아프게

꽂히는 이유는 우리가 가진 자기회의를 정확히 맞췄기 때문이다.

우리가 충실히 자기신뢰를 다져놓은 분야라면 아무리 질타를 받아도 거의 혹은 아예 상처를 입지 않는다. 그리고 우리가 성취욕을 느끼지 않거나 잘하고 싶은 마음이 딱히 없는 분야라면 마찬가지로 상심할 일이 별로 없다. 즉, 개인적인 상심의 크기와 정도는 우리가 스스로를 바라보는 태도에 따라 좌우된다. 그래서 자기확신이 강한 사람은 자기불안이 큰 사람에 비해 한결 상처받는 빈도가 낮다. 비판 한번 받았다고 마음속 기반이 흔들리지는 않는다. 정당한 비판이라면 자신이 성장할 기회라고 생각하고, 부당한 비판이라면 이런 식으로 생각한다. '매미가 와서 운다고 고목이 흔들리겠어?' 남들이 하는 비판에 강인하게 대처하려면 자기 마음속에 자리한 해묵은 상처를 먼저 바라보고 치유해야 한다. 당신이 스스로의 결점까지 포함해서 자신을 있는 그대로 받아들일수록, 비판을 수용하고 해석할 수 있는 품이 넓어질 것이다.

비판에 대처하는 유익한 자세는 하나 더 있다. 자신을 너무 과대평가하지 않는 것이다. 한 발짝 뒤로 물러나서, 멀고 긴 시각으로 당신의 실수를 바라보자. 길고 오랜 역사 속에서 당신과 당신의 실수는 얼마만큼의 의미를 가질까? 자신의 존재 의미를 상대적으로 바라보다 보면 어느새 여유롭고 느긋한 마음가짐이 찾아들 것이다.

부당한 비판에 대처하는 법

이제 부당한 비판에 대처하는 법을 알아보자. 이런 상황은 쉽게 빠져나오기 어렵기 때문에 훨씬 불편하고 복잡할 수도 있다. 상대방의 비판이 정당하다면, 둘 사이의 관계를 편하고 깔끔하게 정리하는 것도 내 몫이다. 내가 실수를 인정하고 사과하면 대부분 사건은 거의 마무리된다. 반면 부당한 비판의 경우, 사실관계를 명확히 해명할 기회가 없을 때도 있다. 해명이 가능한 것은 상대가 당신의 말에 귀를 기울일 마음이 있을 때다. 하지만 상대방이 공격할 의도가 다분하고 인지왜곡이 심해서 지레 모든 걸 판단하고 결론 내린 다음이라면 기회는 별로 없다. 더욱이 상대가 자신이 감당해야 할 몫을 지나치게 상황 자체, 혹은 당신이라는 인격에 투사하고 있다면 이미 게임은 끝난 것이나 마찬가지다.

부당한 비판은 주로 두 가지 상황에서 벌어진다. 하나는 비판의 사유가 전혀 사실과 일치하지 않을 때, 즉 실제로 내가 전혀 하지 않은 일로 비난받았을 때이다. 다른 하나는 문제를 바라보는 시각의 차이가 있거나, 상대가 나라는 사람을 기본적으로 배려하지 않을 때이다.

내 예를 들어보겠다. 어느 날 친구가 초대한 파티에 참석해서 무척 신나고 유쾌한 기분에 젖었다. 파티가 끝나갈 때쯤 되자 갑자기 구식 댄스 음악이 흘러나오기 시작했다. 아무도 춤을 추지 않았고 도리어 분위기가 가라앉았다. 나는 친구에게 이런 '옛날' 음악 말고 최신 유행곡 좀 없냐고 물었다. 전혀 공격적인 의도로 한 말은 아니었다. 그런데 나중에서야 친구는 자기가 주최한 파티에서 음악에 대해 불평한 것은 정말 '어처구니없는' 행동이었다며 쏘아붙였다. 나는 그 비판이 가혹하고 부당하다고 여겼다. 아무리 봐도 친구의 비판은 쉽게 상처받는 민감한 성향 때문이지 내 말이 원인은 아니었기 때문이다. 보통 이런 상황에서 쉽게 빠져나오는 일은 매우 어렵다. 우선 나는 친구에게 악의를 갖고 한 말이 아니었고, 파티는 정말 최고였다고 거듭 설명했다. 하지만 친구는 이미 잔뜩 화가 나 있었다.

그럴 땐 더 깊이 관여하지 않고 손을 떼는 편이 낫다. 상대방이 내세우는 논리가 별로 납득이 안 가거나 상대가 너무 상심을 잘 하는 유형이라 당신이 부당한 비판을 받았다고 여겨지면, 사정을 설명하려고 시도는 하되 너무 변명하지 말고 일정한 시점에서 선을 그어야 한다. 이런 상황일 경우, 대부분 시간이 흐르면서 다시 관계가 회복되고 긴장이 해소된다. 비판을 토로한 입장에서 날이 선 기운을 가라앉히고 나면 마음도 진정되고 더 이상 왈가왈부할 의사도 사라진다. 비판을 들은 입장에서도 이 사건을 너무 마음에 담아두지 않은 한, 이 문제로 관계가 나빠지는 일은 없다.

남을 비판하거나 칭찬하는
일이 너무 어렵다면

　사람들은 대부분 부당한 비판을 받아도 확신 있는 입장을 견지하기 힘들어한다. 마음속 깊이 자리한 자기회의 때문이다. 그래서 상대가 너무 작은 것에 연연하며 부당하게 비판하는 것이 아닌가 하는 생각을 감히 떠올리지 못한다. 자기불안이 있는 이들은 비판받는다는 걸 느끼는 순간, 그것이 부당하든 정당하든 관계없이 일단 위축된다. 남들은 나보다 근본적으로 잘나고 능력 있다고 전제하는 사람들이 특히 그런 성향이 강하다. 그래서 줄기차게 남들에게 우선권을 부여하고 자기는 뒤로 빠진다. 공격받았다고 판단한 순간 합리적인 사고가 차단되기도 한다.

　그래서 상대방이 전혀 근거 없는 비판을 제시할 수도 있다는 가능성에 생각이 미치지 않으며, 당장 느껴지는 상처와 당혹감으로 전체 맥락을 놓쳐버리는 일도 생긴다. 누누이 언급했듯, 우리가 자신을 바라보는 시각에 따라 남이 우리를 대하는 태도에 대응하는 방법도 크게 좌우된다. 비유하자면, 이런 경우 비판을 던진 상대방은 그냥 열린 문을 통해 쉽게 저벅저벅 들어가는 셈이다.

이제 당신도 누군가 비판적인 발언을 해오면 잠깐 멈추고, 될 수 있는 한 가슴속에 피어오르는 모욕감은 일단 옆으로 제쳐둔 채 이성의 힘을 빌리자. 지나치게 감정에 매몰되면 '나는 버림받았다'는 기분에서 헤어나지 못한다. 한번쯤 시선을 바꿔, '별 이상한 소리 다 듣겠네' 하고 생각하면 어떨까? 여기서 또다시 나의 논리와 상대의 논리를 서로 대조하고 견주어보는 작업이 필요하다. 다만 이 중에서도 몇 가지 원칙은 반드시 전제하고 그 비교 과정을 밟는 것이 좋다.

- 나에게는 남들과 똑같은 기본 권리가 있다.
- 나는 남들과 똑같이 소중하다.
- 나는 나의 권리를 주장할 권리가 있다.

다른 사람과 마찬가지로 당신에게도 민주주의의 기본이 되는 인권이 모두 해당한다는 사실을 늘 염두에 두자. 당신이 자란 가정에서 그 권리가 무시되거나 평등하게 주어지지 않았을 수도 있다. 하지만 그것은 잘못이고 부당한 일이다. 만약 어른이 되어서도 그런 일을 계속 용인한다면 당신이 고민 끝에 애써 마련한 그 어떤 논리도 무용지물이 될 수 있다는 점을 기억했으면 한다.

어떻게 비판할 것인가

불안한 이들에게는 남에게 비판을 건네는 것도 비판을 듣고 대처하는 것만큼이나 어렵고 힘든 과제다. 잘못된 평화주의 때문에 할 말도 참고 억지로 입을 꽉 다물고 있다면 오히려 관계는 나빠지고 상황도 좋아지지 않는다. 연인, 친구, 동료가 당신에게 적잖이 불편을 끼치거나, 당신이 꼭 짚고 넘어가야 할 만한 실수를 저질렀다면 꼭 그 사실을 상대에게 알려야 한다. 이때 당신이 건네는 비판이 되도록 상대에게 잘 이해되고 수용되게 하려면 다음 몇 가지를 유념하는 것이 좋다.

- 혹시 비판하려는 내용에 당신이 원인을 제공한 부분은 없는지 찬찬히 생각해보자. 예를 들어 요즘 당신이 처한 문제에 친구가 너무 관심을 보이지 않는다고 불만을 제기할 작정이라고 치자. 그렇다면 사전에 당신이 친구에게 그 문제에 대해 얘기하고 싶다고 명확하게 밝혔는지 돌이켜볼 필요가 있다. 친구가 당신의 문제를 알아차려주거나, 당신이 이야기를 나누고 싶어 한다는 걸 눈치채주길 기대한 것은 아닌지 떠올려보자.

- 당신이 전달할 내용을 되도록 구체적으로 표현하라. '항상', '늘', '한번도', '꼭', '절대' 이런 표현은 피하라. 비판하고자 하는 내용을 입증하는 구체적인 상황을 적어도 한 가지 이상 언급하자. 누구나 납득할

수 있는 논리로 의사를 전달하라.

- '나-전달법'으로 말하려고 노력하자. "너는 꼭 그렇게 자기중심적이더라"라는 말 대신, "얼마 전 내 문제에 대해서 이야기하려 했는데, 자꾸 네 문제로만 화제를 돌리더라. 나는 네가 좀 더 내 얘기에 귀를 기울이고 관심을 가져줬으면 좋겠어"라고 말하는 것이다.

- 비판을 제기하는 사람이 스스로에 대한 적절한 반성과 비판을 덧붙이면 듣는 이도 좀 더 수월하게 내용을 받아들인다. 예를 들어 "나도 항상 주의 깊게 남의 말을 경청하는 건 아니야. 그렇지만 얼마 전에……"라고 하거나, "물론 나 또한 참을성이 없는 게 가장 큰 약점이라고 생각해. 하지만 가끔 당신하고 있을 때 내가 불편했던 점은……"이라고 말하는 방식이다.

- 긍정적인 성품이나 바람직한 행동 방식을 언급하면서 비판을 덧붙이는 것도 좋은 방법이다. 비판하되 칭찬으로 말문을 여는 것이 대표적인 예다. "너는 내가 정말 좋아하는 친구야. 그리고 너를 100퍼센트 신뢰해. 다만 가끔씩 내가 고민에 빠졌을 때 네가 내 말에 귀 기울이지 않는다는 느낌이 들어서 조금 섭섭하고 마음이 상했어."

- 비판을 제기한 후에는 상대방이 하는 해명에 진심으로 귀를 기울이자. 열린 마음으로 상대의 입장을 꼼꼼히 경청해야 한다.

- 당신이 정중하고 객관적으로 비판을 건넸는데도 상대가 언짢아하고 역정을 내면, 일단 화내는 걸 지켜보되 곧바로 입장을 바꾸거나 철회하지 말아야 한다. 상대가 설득력 있는 논리를 내놓지도 않고 심지어

당신을 모멸하는 태도를 취한다면, 흔들리지 말고 당신의 입장을 꿋꿋이 지켜라. 상대가 태도를 바꾸지 않는 한 무한 반복되는 논쟁을 시작하는 건 무의미한 짓이다.

자존감이 낮은 사람은 흔히 상대가 반박하는 순간 너무 쉽게 죄책감을 느낀다. 관계의 책임이 자기에게 있다고 느끼기 때문이다. 다시 반복하건대, 충분히 심사숙고해서 당신의 입장을 뒷받침할 논리를 마련하라. 논리가 당신의 죄책감을 한층 줄여주고 확신을 심어줄 것이다. 어떤 관계가 잘되고 못되고는 당신 혼자에게 달리지 않았다. 상대방도 똑같은 크기만큼 관계를 유지할 책임이 있다. 다만 당신이 먼저 무엇이 힘들고 무엇을 기대하는지 정확히 알려주어야 상대방도 납득하고 실천할 수 있다. 다시 한 번 말하지만, 분노를 삼키고 억지로 자기 안에 꾹꾹 눌러 담는 것보다 솔직하고 꾸밈없이 소통하는 것이 오래도록 건강하고 화목한 관계를 만든다.

어떻게 칭찬할 것인가

자기확신이 부족한 사람은 부정적인 평가에도 힘들어하지만, 좋은 평가를 들을 때도 난색을 표한다. 칭찬이나 찬사를 듣는 것도 어색하지만 하는 것도 어렵다. 한마디로 칭찬은 이들에게 부끄러움을 유발한다. 긍정적 평가를 받으면 어떻게 대응해야 할지 모르는 것이다. 자신이 그런 칭찬을 받을 자격이 없다고 생각하거나, 막상 그토록 원했던 관심을 받게 되면 당황하고 어쩔 줄 몰라 한다. 이럴 때 방법은 딱 하나다. 칭찬을 편하게 받아들이고, '고맙다'라고 말하는 것이다. 의외로 간단하다.

남을 칭찬하는 것이 어색하다면, 이제부터는 일부러라도 남들에게 좋은 말을 해주는 게 어떨까? 혹시 시기심이나 열등감 때문에 쉽지 않은가? 이번 기회에 자신의 그림자를 뛰어넘어보자. 다정한 말 한마디 혹은 진심에서 우러나온 칭찬 한 번으로 인간관계는 훨씬 원만해진다.

당신이 상대에게 부러워하는 점을 콕 집어 칭찬하면 시기심 역시 저절로 해소되거나 상당히 완화된다. 혼자서 남몰래 시기하는 것은 수동적인 행동이다. 능동적으로 상대를 칭찬하고 그 순간만큼 '좀 더 좋은 사람'이 되어보는 것은 근사한 경험이다. 서로에게 기운을 북돋워줄 뿐더러 당신의 불안을 잠재우기도 한다. 게다가 대부분은 당신에게 그 이득이 되돌아온다. 우리가 서로 깎아내리고 헐뜯을 줄은 알면서, 서로를 높여주고 칭찬하는 일은 왜 못하겠는가? "Love each other up!(서로 사랑하라)" 이 짤막한 미국의 격언처럼 인생에서 만난 서로를 아끼고 따뜻하게 품어주면 어떨까.

"어쩌지? 여기서
지금 나만 혼자야"

당신이 파티에 초대받고 갔더니 아는 사람이 거의 혹은 하나도 없다고 가정해보자. 자기불안을 가진 사람에게 이런 상황은 공포 그 자체다. 여기서도 당신의 오랜 문제, 즉 자신에게만 너무 집중하느라 주변에 관심을 기울이지 못하는 현상이 벌어진다. 마음속에서 CCTV가 작동하며 자신을 실시간으로 찍고 있는 것처럼, 남들에게 어떤 모습으로 비칠지, 남들이 자신을 어떻게 평가할지 하나하나 의식한다.

더구나 그냥 CCTV도 아니고, 이 동영상에는 자신의 행동, 남의 행동, 그리고 실제로 남들이 하지도 않았지만 당신의 상상 속에서만 들리는 그들의 목소리까지 덧붙여진다. '어이쿠, 세상에나. 여기 완전히 나 혼자밖에 없구나. 어쩌자고 이렇게 어리벙벙하고 후진 꼴로 서 있는 거야. 내 바지 지금 안 이상한가? 다 내 거대한 엉덩이만 쳐다보고 있는 거 아냐? 어휴, 나 지금 얼굴 빨개지는 거 같아. 저 사람들 다 여유 있게 노는데 나 혼자 꿔다 논 보릿자루 같잖아. 그냥 집에나 있을 걸 그랬어. 사람들 틈에서 이렇게 안절부절못할 바에 야…….'

이 혼잣말처럼 불안하고 들뜬 상태에서는 관심의 대부분이 자신에게 집중된다. 그러다 보면 행동은 위축되고 생각도 원활하게 안 돌아간다. 또한 '넌 왜 그렇게 소심하고 사람들하고 못 어울리는 거야!' 같은 말을 떠올리며 자신을 비하하는 경향을 더 밀어붙인다. 그래서 소심한 사람들은 아예 그런 상황을 피하려고 사람들이 많이 모이는 자리에 가지 않는다.

이런 위축 상태에서 벗어나려면 당신의 관심을 자신이 아닌 주변으로 돌려야 한다. 그럴 때 한 가지 알아두면 편한 점이 있다. 사람들은 대부분 자기 일에 집중하지, 남에게 신경 쓸 여력이 별로 없다는 사실이다. 남들이 당신을 어떻게 생각할지 걱정하는 것도 사실 당신 시각에서만 중요할 뿐, 다른 이들에게는 굳이 신경 쓸 만한 사항이 아니다. 남들에게는 당신을 쳐다보고 분석하고 흉보는 것보다 더 중요한 자기만의 문제와 관심사가 있다. 그리고 당신처럼 자신이 어떤 모습으로 비춰질까 신경 쓰느라 바쁘다. 세상에는 확신 있는 사람보다 불안을 느끼는 이들이 더 많다. 당신과 비슷한 사람들이 주변에 훨씬 많다고 생각해도 과언이 아니다. 그러므로 당신만 특별하고 유일하다고 생각하지 말라!

따스한 햇볕에 휩싸여 있다는 상상

파티나 낯선 모임에서 다른 사람들을 '어차피 다 바보들이지, 뭐' 하는 심정으로 비하하면서 어색하게 행동하지 말자. 따뜻한 시선으로 그들을 바라보자. 사람들이 말 그대로 '따스한' 햇볕에 휩싸여 있다고 상상하고 그 온기를 느껴보자. 혹시나 당신이 느꼈을 차가운 위협의 기운도 스르르 녹아버릴 것이다. 주변에 있는 사람들 모두 각자 자기만의 우여곡절과 근심을 안고 살아가는 사람들이라는 걸 의식하자. 가슴을 열고 사람과 사람 사이의 정을 떠올리자.

너무 뻔한 소리 같고 어쩐지 쑥쓰러울 수도 있다. 하지만 어렵게 생각할 것 없다. 파티에서 처음 안면을 튼 사람 혹은 거기 있는 사람들 모두에게 인간적인 관심을 약간만 가지면 된다. 사람들은 대부분 자기 얘기하기를 좋아한다. 소소한 대화는 앞에 앉은 사람에게 관심을 기울이기만 해도 자연스럽게 일어난다. 자기 이름을 밝히고 상대에게 어떤 계기로 파티에 왔는지, 주최자와 어떤 관계인지 묻기만 해도 말문이 트인다.

상대가 모임 주최자의 친구든, 직장 동료든, 이모든 상관없다. 당신이 자기불안이 가득한 사람이어도 괜찮다. 정중하게 질문 하나만 던지면 상대가 알아서 이야기를 시작할 것이다. 그 얘기가 정말 당신의 흥미를 끄는 내용이라면 저절로 대화가 이뤄질 것이다. 당신이 이런 자리에 오면 굉장히 어색하고 사람들과 가볍게 이야기 나누는 것조차 어렵게 느껴진다고 솔직하게 고백하는 것도 좋다. 워낙 많은 사람들이 그것이 어떤 기분인지 아는 데다 비슷한 경험을 겪으며 산다. 설령 남들과 스스럼없이 잘 이야기하는 사람이라 해도 그런 일이 쉽지 않다는 걸 모를 리 없다. 이렇듯 개인적인 자기고백이 오히려 대화에는 좋은 영향을 미친다.

물론 편하고 조용한 자리에 앉아 파티에서 일어나는 일들을 느긋하게 관찰하는 것도 나쁘지 않다. 꼭 누구와 이야기를 해야 할 의무는 없다. 편안하고 관심 있는 표정으로 분위기에 어울리다 보면 당신보다 조금 더 남에게 잘 다가갈 줄 아는 누군가가 와서 말을 걸수도 있다. 혼자 있다고 해서 당신이 어떻게 보일지 신경 쓰지 말라. 자기확신이 있는 이들이야말로 오히려 상황을 관망하고 혼자 있는 것을 개의치 않는다. 남을 배려하는 자세를 유지하고 있는 한 그 누구도 당신이 마음속 불안 때문에 초조해한다는 사실을 눈치채지 못한다.

이야기를 시작하는 것도 어렵지만 적당한 때 마무리하는 것도 어렵다. 가장 자연스럽고 쉬운 방법은 먹을 것이나 음료를 가지러 가야 한다고 자리를 뜨는 것이다. 아니면 상대를 '독차지하고 싶지 않다'거나 '너무 붙잡아뒀다'면서 얘기 나눠서 즐거웠다고 말하는 것도 고상한 방법이다. 두 가지 모두 상대를 무시하는 인상을 주지 않고 배려하는 태도로 대화를 끝내는 좋은 표현이다.

예쁘지 않아도
행복하다

　아름다움과 자존감 사이에는 묘한 상관관계가 존재한다. 꽤 오래 전에 내 상담실을 찾아온 한 젊은 여성이 아직도 기억난다. 이 여성은 숨 막힐 정도로 예쁘고 흠잡을 데 없는 몸매를 가졌는데도, 한 시간 내내 엉엉 울며 자신이 너무 못생겼다고 탄식을 늘어놓았다. 당시 풋내기 상담 치료사였던 나는 도무지 이 극단적인 인지 오류를 어떻게 해결해야 할지 몰라 심각한 부담을 느꼈다.

　이와 달리 외모가 특출하지 않지만 오히려 자기 몸에 대해 전적으로 편안해하는 이들도 보았다. 결국 외모를 판단하는 어떤 '객관적인' 요건이 있다기보다 우리 스스로가 내린 평가가 심리적 안정을 좌우한다는 뜻이다. 다리를 못 쓰거나 유방이 절제된 상태로도 거리낌 없이 좋은 삶을 사는 사람이 있는가 하면, 그 때문에 실의에 빠지는 사람도 존재하는 것이다. 물론 이런 일들은 쉽게 견디기 어려운 타격임이 분명하고, 나 역시 같은 일을 겪었다면 몹시 힘들어하며 한참을 인내해야 했을 것이다.

그럼에도 자신의 불운과 훌륭히 타협해내는 사람들이 적지 않다. 외부에서 주어진 장애와 자존감 사이의 상관관계를 적당히 끊어냈기에 가능한 일이다. 불운을 잘 다스린 정도가 아니라 참으로 즐겁고 행복하게 사는 사람도 있다.

이들은 자신이 갖지 못한 것에 시선을 두는 대신 이미 가진 것에 주의를 돌린다. 그저 살아 있다는 사실만으로, 고통이 사라졌다는 이유만으로 감사해한다. 이들은 자신이 가진 다양한 측면을 살피고 실험할 뿐, 약점에는 그다지 신경 쓰지 않는다. 즉, 자존감을 아래로 끌어내리는 것은 외적 조건이 아니라, 우리가 그것을 대하는 마음 자세라는 걸 알 수 있다.

스스로가 내린 평가가 중요하다

자존감이 낮은 문제를 자신의 외모에 투사하는 사람도 분명 있다. 이들의 생각은 외모를 자원 삼아 발달하며, 외모는 다시 이들이 가진 열등감의 총체적 원인으로 지목된다. 실제로도 외양은 좋은 투사 영역이다. 당사자가 인식하는 약점이 외적인 부분으로 고정되어 드러나기 때문이다.

몸매에 아무 문제가 없고 심지어 좋은 편에 속했는데도 불만스러워하던 여성이 기억난다. 사실 그녀는 근본적인 자존감 부족이 더 큰 원인으로 보였다. 그런데 이 여성은 자신의 '모자람'이 겉으로 드러나는 표식을 몸매로 삼았고 여기에 감정을 집중했다. 자연스레 그녀의 하루 기분은 체중계가 가리키는 숫자에 따라 오르락내리락했다. 적어도 저울은 정확하게 측정이 가능하고, 칼로리는 수치로 나타난다. 반면 몸매에 대한 근심 밑에 깔린 무언가 모자란 존재가 된 기분, 무가치하다는 감정은 볼 수도 잴 수도 없으며 모호하다.

이런 식으로 자존감 결핍에 대처하는 여성들이 거식증에 시달리는 경우도 상당하다. 칼로리를 헤아리고, 식사를 거르거나 구토를 반복하고, 운동에 매달리면서 자신도 모르게 낮은 자존감을 붙들고 추스른다. 그로써 최소한 겉으로는 이 문제를 해결할 방법이 있다는 착각이 충족된다. 하지만 더 확실하고 건강하게 원하는 것을 얻는 방법은 훨씬 깊은 곳에 자리한 불안의 원인을 파악하고 이를 정면으로 다루는 것이다.

그렇더라도 자존감 문제를 다룰 때 자신이 느끼는 외적 매력을 완전히 무시해버릴 수는 없다고 본다. 사람은 누구나 자신이 매력적이라고 느낄 때 좋은 느낌을 갖는다. 누구나 그렇게 느껴본 적 있을 것이다. 얼굴이 화사해 보이는 날, 근사한 새 옷을 입은 날이면 조금 더 자신감이 몸에 붙는 그런 기분을. 다만 자존감이 부족한 이들 중 일부는 자신이 외모를 가꿀 만큼 가치가 있다고 여기지 않고 자신을 소중히 대하지 않는다. 이들은 스스로를 자세히 바라보려 하거나 매력이라는 주제로 이야기하는 것도 달가워하지 않는다. 정반대 전략을 취하는 이들도 있다. 과도하게 자신의 외양에 신경을 쓰거나 투자하는 것이다.

나는 우리가 자신이 보유한 성향에서 최대한 많은 것을 끌어내야 하지만, 동시에 스스로에게 만족할 줄도 알아야 한다고 믿는다. 나로서 할 수 있는 최선을 다하는 것, 하지만 알지도 못하는 무언가를 좇지는 않는 것. 최선과 흡족한 삶 너머를 실현하기란 불가능하다. 여기서 다시 한 번, 자신의 강점은 물론 한계를 받아들이는 것이 중요하다는 말을 강조하고 싶다.

6

나를 온전히 충분하게
안아주기

✦

"이번 생도, 나라서 괜찮다"

예전에 느낀 기쁨을 마음속에 떠올리고
그것이 다시 생생히 흘러넘치게 놓아두자.
그 감정에 몸과 마음을 내맡겨보자.
'정신 차려!' 같은 말로 기쁨을 질식시키지 말자. …
'확신 행성' 주민이 했던 말을 기억하는가?
"넘어지는 게 뭐 잘못인가요.
거기서 안 일어나는 게 문제죠!"

나를 책임진다는 건
무슨 뜻일까

　자존감을 보완하고 싶다면 우선 자신이 인생에서 무엇을 성취하고 싶은지, 어떤 목표와 인생의 의미를 좇고 싶은지 생각해봐야 한다. 불안을 몰아내는 가장 큰 무기는 바로 의미다. 평생 방어만 하며 사는 사람은 결국 제자리만 뱅뱅 돌 뿐, 한 발짝도 나가지 못한다. 물론 자존감이 낮은 사람들 중 다수가 겉보기에는 협조적이고 타인을 위해 희생하는 경향이 있지만, 이런 행동을 하는 동기를 유심히 살펴볼 필요가 있다. 이들은 버림받을까 봐 두려워서, 잘못을 저지를까 봐 두려워서, 사랑받지 못할까 봐 두려워서 어떤 행동을 하기도 하고, 하지 않기도 한다. 이런 두려움은 한 사람이 단단히 발을 딛고 설 바닥, 즉 삶의 가치 기반이 되지 않는다.

　심리적으로 더 건강하고 윤리적으로 더 지속 가능한 것은 이 두려움을 책임으로 변화시키는 일이다. 그리고 무엇보다 타인에 대한 책임을 받아들이기 전에 스스로에 대한 책임을 받아들이는 것이 우선이다.

그렇다면 나에 대한 책임을 진다는 것은 무슨 뜻일까? 스스로에 대한 책임을 지려면 가장 먼저 삶을 스스로 제어하며, 돌발적으로 일어나는 우연에 인생을 내맡기지 않아야 한다. 책임이란 스스로의 결정에 따라 행동하고 삶을 가꾼다는 뜻이다. 혹시 무언가에 좌초할지도 모른다는 막연한 두려움 때문에 좌충우돌 임시변통으로 사는 것과는 거리가 멀다.

더구나 내 행동에 책임을 지려면 내가 무엇을 바라는지부터 정확히 알아야 한다. 훌륭하고 튼튼한 자존감을 갖는 것이 중요한 일이긴 해도 인생의 큰 목표가 되기엔 부족하다. 자존감을 가지고 살든 자존감 없이 불안하게 살든 나의 삶의 방식은 어디까지나 내 개인으로서 중요한 문제이기 때문이다. 나는 개인적으로 이 지구에서 공동체의 일원으로 살아가기, 좋은 관계를 실현하기가 매우 중요하다고 본다. 자존감이나 한 개인의 가치 또한 단독으로 성립되는 것이 아니라 공동체 안에서의 행위를 통해, 즉 관계 안에서만 성립되는 것이다. 나는 이 책에서 자기불안을 갖고 사는 것이 무조건 나쁜 일이 아니라고 여러 차례 강조했다. 도리어 불안을 감추거나 잊어버리기 위해 남을 희생하는 것이 더 나쁘다.

자존감을 강화하고 싶다면 지금 이 삶에서 무엇을 이루고 싶은지 스스로에게 질문을 던져야 한다. 일에서, 사생활에서 당신이 바라는 목표는 무엇인가? 당신의 가치관은 어떠한가? 여기서 당연히 당신의 내적 신념과 외적인 필요조건 사이에 갈등과 충돌이 있을 수 있다. 돈을 벌고 생계를 유지하기 위해 당신이 진심으로 원하지 않는 일을 할 수도 있다. 그러나 당신은 자신의 신념과 목표를 정확히 인식해야 한다. 이것이 가장 중요하다. 그래야만 이 목표를 실천하기 위해 어떤 차선책을 강구할 것인지도 고민할 수 있다.

나 자신에게 공감해주는 것부터 시작이다

당신의 내면으로 들어가서 일과 삶에서 무엇을 바라는지 구체적으로 인식하자. 그리고 당신의 목표와 내적 가치관이 서로 일맥상통하도록 만들어보자. 돈은 행복을 온전하게 주지 않으며 그저 안정과 편리함을 제공할 뿐이다. 행복을 주는 가치로는 우정, 관용, 정의, 시민의 양심, 정직, 이해, 깨달음, 공정, 박애, 환경보호, 용기, 유머, 협력, 배움, 책임, 성찰, 지혜 등을 꼽을 수 있다.

인생의 깊은 의미를 실현하는 일만큼 지속적으로 사람을 행복하게 하는 것이 없다는 사실은 심리학 연구로도 여러 차례 입증되었다. 인생의 의미를 실천하는 과정에서 개인의 관심은 자신을 벗어나 타인과 세상사로 확장된다. 부모가 된 이들이 아이들을 책임지고 사랑하는 과정에서 인생의 의미를 경험하고, 부모로 사는 것을 행복하게 여기는 것과 같은 맥락이다. 직업을 통해서도 그런 의미를 경험할 수도 있고 취미나 다른 사람과 함께 있는 삶을 통해서도 가능하다.

다만 여기서 핵심어 혹은 필수적인 가치는 '공감'이다. 제일 먼저 자신에게 공감해주자. 최대한 솔직하고 열린 마음으로 장점, 단점, 마음속 깊은 동기들을 포함해 자신을 있는 그대로 속속들이 알아내고 고개를 끄덕여주자. 그러고 나서 다른 사람들과 주변 환경에도 관심을 기울이며 공감하고 연결해보자.

설사 지금 당신이 좋아하지도 않고 가치관에도 맞지 않는 직업을 가졌다 해도, 그 안에서 작으나마 최선을 시도할 수 있다. 예를 들어 직장에서 공평하고 배려심 많은 동료가 될 수도 있고, 맡은 업무를 최대한 공들여 처리할 수도 있다. 당신이 일하는 직장의 여러 조건들을 정의롭고 민주적인 방향으로 개선하는 데 앞장설 수도 있다. 더 나아가 당신이 진정 무엇을 원하는지 알고 그 목표를 실현하기 위해 어떻게 해야 할지 고민하다 보면 당신의 업무 조건 역시 대대적으로 바꿀 수 있다. 재교육이나 연수를 받을 수도 있고, 직장을 옮길 수도 있고, 업무 환경이나 방식을 확 바꿀 수도 있다.

/ / /

갈등을 두려워하는 마음을 극복하라

게를린데는 56세 세무 공무원이다. 그녀는 최근 들어 자주 바뀌는 세법 규정을 따라잡는 게 버거운 데다, 자신의 가치관을 거스르는 업무 규칙을 억지로 지켜야 하는 탓에 번아웃 증후군의 징조를 자주 보였다. 누가 봐도 가난뱅이인 서민에게서는 마지막 동전 한 닢까지 탈탈 털어내면서, 돈 많은 재벌들에게는 툭하면 해외로 본사를 옮기겠다는 협박을 무마하느라 거액을 절세해주는 상황이 반복되면서 게를린데는 온몸이 아팠다. 죄다 내던지고 도망치고 싶었다.

그러나 게를린데의 나이와 유달리 특화된 업무 분야 때문에 다른 직업을 찾을 가능성은 희박했다. 더욱이 조금 있으면 받게 될 연금을 생각하면 섣불리 일을 그만두기도 어려웠다. 합리적으로 판단하자면 정년까지 이 일을 유지하는 것이 옳았다. 다만 더 아프거나 힘들지 않기 위해서는 무언가 조치를 취해야 했다. 게를린데는 자신이 이 상황에서 할 수 있는 최선이 무엇인지 곰곰이 생각해봤다.

그녀는 우선 한 번 더 세법 규정을 철저히 연구하고 분석했다. 그 결과, 자신이 담당하는 저소득자나 중위소득자들을 구제할 방법을 찾아낼 수 있었다. 상사가 불합리한 이야기를 늘어놓을 때면 더 이상 참지 않고 객관적인 논리를 들어 적극적으로 항변했다. 동료들의 삶에도 더 관심을 기울이고 손을 내밀었다. 여러 시도를 통해 게를린데는 마침내 자신이 빠져 있던 무력감에서 벗어났고, 여전히 존재하는 몇 가지 부당함에도 불구하고 자신의 직업에 스스로 만족할 만한 의미를 부여할 수 있었다. 이러한 의미 부여는 그녀가 번아웃 증상을 극복할 새로운 에너지를 마련해주었다. 당신은 이 사례를 읽고 아마 이런 생각을 떠올릴지도 모른다. '게를린데가 해낸 일이 훌륭하다는 건 인정해. 하지만 난 결코 상사에게 대들지 못해. 게다가 그

런 대책도 절대 강구하지 못해.'

물론 게를린데도 이 계획들을 실행에 옮기기 위해 먼저 갈등을 두려워하는 마음을 극복해야 했다. 그녀는 갈등을 겪는다 한들 공무원으로서의 자신의 지위가 크게 바뀌는 일은 없을 거라고 추측했다. 최악의 경우라 해봐야 상사가 자신에게 짜증나는 업무들을 폭탄처럼 던져주는 게 전부일 것이다. 게를린데는 속으로 '강직하고 줏대 있게 살려면 그런 것쯤 감수해주겠어'라고 마음먹었다. 그리고 자신이 떠올린 이 생각들에 큰 힘을 얻었다.

물론 상사와 대치하는 것만으로도 적잖은 불이익을 당해야 하는 직업과 상황이 있다. 상사의 성격에 따라 항변하는 것이 아예 무의미한 경우도 분명 있다. 다만 중요한 것은 평소에 미리 걱정부터 하거나, 끝까지 상황을 세세하게 예상하고 추측하는 대신 막연한 불안에 얽매일 필요는 없다는 것이다. 정말 구체적으로, 당신이 자신의 견해와 입장을 내세울 경우 어떤 최악의 상황이 벌어지고 무엇을 잃을 가능성이 있는지 일일이 떠올려보자. 보통의 경우 직장을 잃는 일은 거의 없으며, 목숨을 잃는 경우는 더더욱 없다.

자신의 감정을
알아차리는 것이 중요하다

 자존감이 손상된 이들 중 다수가 자신이 뭘 원하는지 발견하기 어려워하며, 스스로 결정을 내리기 힘들어한다. 여태껏 자기 심정이나 소망을 고려하기보다 남의 기대에만 민감하게 반응하는 습관이 몸에 뱄기 때문이다. 지금부터는 적극적으로 자신의 마음에서 일어나는 생각과 감정을 탐지하고 그것과 소통하는 작업이 매우 중요하다. 그러려면 일상에서 틈날 때마다 잠시 하던 일을 멈추고 스스로에게 이렇게 물어야 한다. '지금 내 마음은 어떻지? 지금 어떤 느낌이지?'

 결정도 훈련하듯 의식적으로 해보자. 아무리 사소한 결정이라도 조금 앞서서 자기 마음에 귀를 기울이자. 자신에게 이런 식으로 질문을 던져볼 수도 있다. '어디로 갈까? 오늘은 커피를 파란 잔에 마실까, 빨간 잔에 마실까? 빵에다 잼을 발라 먹을까, 버터를 발라 먹을까? 아니, 지금 내가 아침 먹을 생각이 있는가, 없는가?'

 이런 질문은 모두 자기 내면에서 일어나는 감정에 하나하나 세심하게 주의를 기울이기 위해서다. 많은 이들이 이런 일을 너무 당연하듯 무의식적으로 처리하고 의식 아래로 밀어내버린다. 하지만 마음속 감정들과 소통하지 못하면 올바른 결정은 불가능하다. 결정의 단서를 쥐고 있는 것은 어디까지나 이성이 아니라, 우리 마음이 진정으로 무얼 바라는지 알고 있는 감정이다.

자신의 감정과 소통이 잘 안 되는 사람은 망망대해에서 나침반 없이 방황하는 한 척의 배와 다름없다. 감정은 우리가 가고 싶은 길을 알려준다. 합리적인 사고 역시 마지막 결정의 순간에는 감정의 승인을 거친다. 마음에서 일어나는 느낌은 우리가 내린 판단이 옳고 유익한지 표시해주는 시금석이다. 그러므로 될 수 있는 한 주의력을 안으로 향하고, 어떤 느낌이 드는지 수시로 확인하자. 자신을 더 잘 알아차리는 것, 그것이 곧 자의식이며 자신감의 원천이다.

/ / /

움직이지 않으면 내가 원하는 그곳에 도착하지 못한다

자존감이 부족한 이들이 목표를 정하고 결정을 내리는 것을 어려워하는 또 다른 이유는 무엇일까? 혹시 잘못된 결정을 할까 봐 두려워하는 마음 때문이다. 이들은 결정을 내리려면 이른바 100퍼센트 확실해야 한다고 생각한다. 이 성향은 앞서 말한 완벽에 대한 강박과 통한다. 이들은 그 어디에도 실수할 여지가 있어서는 안 된다고 생각한다. 하지만 이것부터가 잘못된 가정이다. 결정이란 무언가를 할 것이라는 선택이지만, 무엇을 하지 않을 것이라는 선택이기도 하다. '틀린' 결정도 뭔가 배울 기회가 되므로 인생 전체를 놓고 보면 의미 있는 소득이다. 더구나 한번 내린 결정이라 해도 취소는 가능하다. 틀린 결정이었다는 판단이 들어 다시 선택하고 싶으면 그렇게 할 수 있다.

여행을 왔는데 장소를 잘못 정했다는 걸 뒤늦게 깨달았는가? 이미 지난 일이고 돌이킬 수 없지만, 지금 여기에서 그나마 가장 좋은 시간을 보내려 노력할 수는 있다. 이 과정을 가급적 의식적으로 행하자. 그러면 상황은 심각하게 나빠지지 않는다. 불안에 휩싸여 괴로울 땐 특히 '최악의 경우 어떤 일이 발생할 것인가?'라는 질문을 던져보자. 사람들은 대부분 이 질문의 답을 끝까지 따라가보지 않고 막연한 근심 걱정에 사로잡혀 있다. 명심하자. 움직이지 않으면 넘어지지는 않지만, 내가 원하는 그곳에 도착하지도 못한다.

그런 의미에서 직업 선택과 진로 설정에 대해 잠깐 얘기해보고자 한다. 나는 젊은 사람들이 진로 결정을 어려워하는 것을 자주 목격하는데, 그때마다 이렇게 조언한다. 극소수의 사람들만이 천부적인 재능이나 적성을 일찌감치 발견한다. 당신이 그런 행운아가 아닐지언정, 자신이 좀 더 잘하고 관심이 가는 분야가 무엇인지 떠올려보는 것은 어떤가. 재능과 관심이 가는 일이라면 아무리 잘못 골랐다 해도 그렇게 나쁜 일은 일어나지 않는다.

세상 어딜 가도 당신에게 딱 안성맞춤인 직업은 없다. 다만 어떤 직업이든 배울 것이 있고 만족할 만한 점을 찾을 수 있다. 문제는 당신이 얼마나 꾸준하고 성실하게 그 일을 하느냐이다. 일하는 행위 자체, 사물에 깊이 파고드는 행위를 통해 창조의 기쁨도 생겨난다. 배움이든 성장이든 무언가에 종사하는 행위든, 모든 것은 길고 어려운 순간들이 꾸준히 쌓여서 이루어진다. 중요한 건 견디고 끝까지 해보는 것이다. 보람이란 오랜 세월 동안 꾸준히 무언가를 지속해온 사람이 맛보는 성취의 열매다.

현실적 목표를 세워야 한다

다른 사람과 나를 사회적 잣대로 비교하는 것만큼 답답한 일은 없다. 세상 그 누구도 남들과 비교하면 모자라고 부족하다. 특히 자존감이 부족한 사람은 자기보다 나아 보이는 사람과 자신을 끊임없이 비교하는 경향이 강하다. 그렇게 상향 비교만 하다 보면 마음은 점점 무거워진다. 스포츠 동호회에 들어가서 건강하게 살고 싶다고 생각했다가도, 거기서 활동하는 다른 사람들과 스스로를 비교하면서 자기 몸매가 얼마나 이상한지, 얼마나 운동신경이 둔한지 따위에 생각이 미치면 처음 가졌던 의욕은 어느새 움츠러든다.

하지만 남들과 비교하지 않고 사는 것은 불가능하고 무의미하다. 실제로 사회적 비교를 해야 내가 있는 위치를 알 수 있고 방향도 잡는다. 공동체 안에 사는 이상 사회적 비교는 저절로 일어난다. 다만 지나치게 비교 결과에 매몰되지 않으려 하고, 설사 비교를 해도 의미 있는 방식을 찾으려 노력할 수는 있다. 나와 차원이 다른 특정 능력이나 성향을 가진 사람에 나를 비교하는 것은 무의미한 짓이다. 이제 막 스키를 배우기 시작한 사람이 어릴 때부터 스키를 밥 먹듯이 타서 슬로프를 자기 집 안방처럼 누비고 다니는 고수와 비교한다면 어떻겠는가.

아마도 '나는 절대 저렇게 못해! 나는 틀렸어!'라는 자괴감뿐일 것이다. 출발선부터 나와 다른 사람 혹은 나보다 훨씬 높은 곳에 있는 사람과의 비교는 우리를 의기소침하게 만들고 자포자기만 낳는다. 그래서 개인적인 목표를 잡을 때도 자신의 능력치를 고려하여 현실적인 목표를 잡는 것이 중요하다. 특히 완벽주의자들은 과도한 기준을 정하고 그 때문에 좌절하지 않도록 주의해야 한다. 반대로 낮은 목표에만 머무는 사람들도 자기태만에 빠질 위험이 있다. 현실적인 목표란 자신의 가능성을 너무 상회하지도, 너무 밑돌지도 않는 것이어야 한다.

자신의 특장점을 알아내고 한계를 받아들여라. 도달 가능한 목표를 설정하라. 그곳에 도착하고 나면 그곳을 출발점으로 다음 목표를 세울 수도 있다. 단계를 정해서 목표를 향해 한 걸음씩 전진하자. 중요한 건 당신이 첫걸음을 내딛는다는 사실이다. 최근에 어떤 대학생이 내게 이런 이야기를 들려준 적이 있다.

"예전에는 하루 열 시간씩 공부하겠다는 목표를 세웠어요. 하지만 매번 성공하지 못해서 결국 좌절감만 커졌죠. 지금은 하루 여섯 시간 공부하려고 해요. 예전보다 목표가 훨씬 현실적이어서 지키기가 수월해요. 결심을 지킨 내 자신에게 뿌듯하고요. 친구 중에는 하루 열 시간이나 책상에 붙어 있는 애들도 있어요. 전엔 걔들과 나를 비교하면서 속상해했어요. 하지만 이제 나에게 맞는 방식으로 공부하기로 마음먹었어요. 그러니까 훨씬 공부가 쉬워졌지요."

'미루기'보다
'해치우기'가 낫다

    규율과 체계는 자존감을 튼튼하게 하고 삶의 보람을 얻는 데 필수 불가결한 요소다. 자존감 문제를 가진 사람들 중에는 지구력이 부족하고 자기규율도 느슨한 이들이 종종 있다. 자신의 행위가 옳은지 지독히도 확신이 없고 그로 인해 동력 또한 떨어지기 때문이다. 물론 이와 반대로 너무 엄격하게 자신을 규제하면서 항상 긴장을 늦추지 않는 이들도 있다.

    삶을 충만하게 가꾸려면 자기규율이 꼭 필요하다. 규율이 있어야 자신의 재능을 갈고닦을 수 있고, 그래야 자기가 해내는 일들과 능력에 보람을 느끼는 경험도 할 수 있다. 한 가지 덧붙이고 싶은 건, 내가 말하는 능력이니 성과니 보람이니 하는 개념은 꼭 출세나 성공의 관점만 다루지 않는다는 사실이다. 나는 그보다는 내적인 충족의 관점이 훨씬 중요하다고 본다. 무언가를 알고 이해하면 행복감이 찾아온다. 무언가를 계속하면서 점점 잘하게 될 때도 행복을 느낀다.

어떤 주제나 일, 사물 안으로 깊이 파고들수록, 그것을 차츰 더 이해할수록 내적인 몰입 상태에 들어간다. 이 몰입은 우리를 환희와 행복의 경지로 이끈다.

이른바 '플로우_{flow}' 현상도 그런 맥락이다. 플로우 상태에서 사람은 자신과 자신이 하고 있는 일이 조화롭게 하나가 되는 경험을 한다. 이때 일에 쏟는 집중력은 너무 넘쳐서도, 모자라서도 안 된다. 그래야 비로소 일을 하는 주체와 그 일은 정확히 하나가 되며 주체는 자신을 잊는다. 그 사람은 지금 여기에 온전히 존재한다. 여기서 중요한 것은 우리 인간이 스스로의 행위를 조절한다는 사실이다. 이것은 자존감이 낮은 이들이 종종 경험하는 무력감이나 좌절감의 정반대 개념이다. 그래서 나는 모든 사람에게 어떤 분야든 상관없이 특정 관심사에 몰두해보길 권한다.

실력과 이해의 깊이를 더하기 위해서는 반드시 일정 수준 이상의 자기규율을 도입해야 한다. 공부든 일이든 실력을 쌓아가다 보면 발전이 더디고 변화가 멈추는 슬럼프가 온다. 물론 규율 말고도 열정이 좋은 자극이 되기도 한다. 규율을 적용하지 않아도 순전히 열정만으로 실력을 갈고닦는 사람들도 분명히 존재한다. 하지만 나를 포함하여 대부분의 사람들은 신바람이 나서 저절로 일이 될 때도 있지만 귀찮아지고 게을러지는 때도 많다. 자기회의 역시 만만찮은 복병이다. 이 게으름과 자기회의를 적절한 규율로써 이겨내지 않으면 배움이든 직업이든 취미든 너무 자주 휴지기가 발생하고, 장기적으로는 성장의 기쁨과 보람이 사그라든다. 끝까지 해보지 않으면 그 무엇도 깊어지거나 넓어지지 않는다. 그렇게 되면 우리는 자신에게 재능이 없다고 생각하고 그만 단념해버린다.

지금까지 수없이 많은 분야에 손을 대고 시도해봤지만 끝까지 가지 못하고 중간에 포기한 적이 많은가? 자꾸 중단한 원인이 혹시 자신에게 있지 않은지 곰곰이 떠올려보기 바란다. 그렇게 된 과정의 앞뒤 맥락을 살펴보고 자신이 원인이 된 부분은 없는지 따져보자. 비록 지금 당신이 처한 형편이 그때 상황에 영향을 받은 것이라 해도, 모든 걸 무작정 환경 탓으로 돌려버리지는 말라. 그때 당신에게 어떤 선택이 주어졌는지 생각을 더듬어보자. 우리가 과거의 일을 복기하는 이유는 스스로의 결정과 행동에 대한 책임의 의미를 알기 위해서다. 후회는 의미 있는 감정이다. 후회해야 바뀌는 것도 있다. 지금까지처럼 계속하든가 새로 결정하든가, 선택은 당신 손에 달렸다. 중간에 포기했던 그 일들을 지금 다시 시작해보자. 어떤 일이든 결코 늦는 법은 없다.

'미루기'가 '해치우기'보다 훨씬 어렵고 힘이 든다

규율 못지않게 반드시 필요한 것이 체계다. 사람들은 대부분 하루 일과를 체계적으로 계획하고 실천할 때 가장 효율적으로 일한다. 이것을 취미나 업무, 과제에도 적용해보자. 나 역시 책을 집필할 때 일정표를 만들고 작업 시간을 세심하게 나눠서 계획을 세운다. 나는 아침에 생각이 잘 떠오르고 글이 잘 써지므로 매일 아침 9시부터 11시까지는 책상에 앉아 글을 쓴다. 하고 싶든 하고 싶지 않든 상관없이 매일 그렇게 한다. 글을 쓰는 도중에 저절로 의욕이 일어날 때도 있지만 그런 일은 흔하지는 않다. 내가 글을 쓰는 건 열정이 우러나서가 아니다. 글쓰기는 무척 힘겨운 작업이다. 내가 글을 쓰는 이유는 하고 싶은 말이 있고, 그 글로써 도움 받는 사람들이 있기 때문이다. 또한 책을 쓰는 일은 내 직업을 지탱하는 중요한 기둥과도 같다. 실제로 끈질기게 매달려서 책 한 권을 다 마치고 나면 매우 기쁘고 뿌듯하다. 이 기쁨은 책 쓰는 데 들인 시간보다 훨씬 오래가며, 단지 그것만으로도 노력한 보람이 충분히 느껴진다. 이 기쁨은 지속적이고 훗날을 기약하는 것이지만, 순간의 게으름은 그때 잠깐 편하고 끝이다.

체계를 세우기 어려워하는 사람들에게 나는 제일 먼저 일정표나 일기장을 마련하고, 할 일 목록을 적어서 하루 계획과 주간 계획을 꼼꼼히 세우라고 권한다. 무언가를 꾸준히 할수록 기쁨은 커진다. 도리어 마음에서 저절로 흥이 일거나 어느 날 갑자기 결정적인 계기가 주어지길 기다리는 게 더 지루하고 성공 가능성도 적다. 창작 활동이 본업인 사람들 역시 거의 일정한 규칙과 규율에 따라 작업한다. 빈둥거리는 것보다 꾸준히 움직이고 시도해야 좋은 구상이 나온다는 것을 알기 때문이다.

내담자들이 체계를 갖고 활동하기 어려워할 때마다 내가 들려주는 이야기가 있다. '미루기'가 '해치우기'보다 훨씬 어렵고 힘들다는 사실이다. 무언가를 미루려면 24시간 내내, 일주일에 7일 이상 그렇게 해야 한다. 반면 어떤 과제를 수행하는 데는 훨씬 적은 시간이 소요된다. 더구나 미루는 일은 크든 작든 양심의 가책 때문에 불편한 심기를 견뎌야 하는 데다 심리적으로 그 과제를 모르는 척 무시하느라 많은 에너지를 써야 하므로 이만저만 손해가 아니다.

미루는 습관으로 힘들다면 상상 자극법을 활용해보는 것은 어떨까? 당신이 오늘 할 일을 하지 않고 미룬다면, 밤에 어떤 기분이 들 것 같은가? 반대로 그 일에 매달려 무사히 마쳤다면 얼마나 홀가분하고 상쾌할까? 온종일 쉬는 것도 아니고 일하는 것도 아닌 시간을 보내면서 24시간 내내 '미루기'라는 일을 한다고 상상해보라. 적잖이 자극이 될 것이다.

일하지 않을 때
나는 누구인가

자기규율과 체계가 부족해서 힘들어하는 사람들이 있는 반면, 통제력을 잃을까 봐 과도하게 애를 쓰고 의무감에 빠져 사는 사람들도 있다. 대부분 열등감을 줄이는 방법으로 완벽주의를 선택한 경우이다. 이들은 몸이 부서져라 일하고 잠시도 쉬거나 멈추지 않는다. 하루 종일 주변을 닦고 또 닦는 주부들도 비슷하다. 이들은 쉴 새 없이 할 일을 만들어내고 먼지 한 톨까지도 '손에 잡을 수 있어야' 마음을 놓는다. 안 그러면 자신의 주변은 물론 자신에 대한 통제력을 잃을지도 모른다는 무의식적인 불안이 이들을 자극하고 부추긴다.

규율이 너무 없는 것도 문제지만 통제가 심한 것도 바람직하지 않다. 통제 강박이 있는 이들에게는 '내려놓기'가 필요하다. 무언가를 내려놓는 것은 '손에 쥐고 있기'의 대척점에 있는 행위다. 무언가를 쥐고 통제하는 것보다 놓아버리는 것이 훨씬 힘들다. 무언가를 하는 것보다 하지 않는 것이 더 어렵기 때문이다. 무엇을 하는 것은 안 하는 것보다 더 구체적이고 조종이 가능하다. 하지 않을 때는 내가 언제 다시 할지 말지 알기 위해 아슬아슬 줄타기를 해야 한다. 예컨대 하루 30분씩 아이들과 놀아주기는 구체적이고 실천하기 쉽지만, 아무것도 하지 않기라는 결심은 실천이 어렵고 애매하다.

잘못을 저지르거나 통제력을 잃을까 봐 두려운 사람들은 그 불안을 다스리기 위해 끊임없이 무언가를 행한다. 그래서 이 행위 충동을 억누르는 순간, 자신이 잘 제어하고 있다고 생각했던 불안이 기다렸다는 듯 솟구친다. 게다가 조용히 아무것도 하지 않는 시간에는 움직이고 추진하는 동안 잊고 있던 깊은 곳의 불안이 더 크고 선명하게 들린다. 마음이 힘들고 고된 사람은 그래서 무언가를 분주하게 하고 있으면 자신에게서 어느 정도 신경이 달아난다. 다만 어떤 일이 중요한지 안 중요한지 잘 판단이 안 선다. 일중독자들이 흔히 이런 성향을 보인다. 이들은 무엇이 우선이고 무엇은 나중으로 미뤄도 되는지 헷갈려한다. 일을 아예 안 할 수는 없지만 대체 어디까지가 적당한 선인지 속 시원히 결정하기 어려워, 차라리 일을 아주 많이 하는 쪽을 택하는 것이다.

당신도 항상 일에 치여 사는 사람이라면, 지금 당신이 뭘 하고 있는지 한번쯤 생각해보길 바란다. 무언가 계속해야 할 것 같은 만성적인 강박 뒤에는 무엇이 숨어 있는가? 그렇게 하지 않으면 일자리를 잃거나 당신 회사가 문을 닫을 정도로 객관적이고 불가피한 이유가 있는가? 만약 정말 그렇다면 당신 일이나 회사가 바뀌어야 하는 건 아닌지 심사숙고해보라. 이 일이나 돈이 그토록 고된 노동과 스트레스를 감수할 만큼 가치가 있는지, 혹시 당신이 다른 결단을 내려야 하는 건 아닌지 고민해봐야 한다.

당신의 관점에서는 자신이 월급 받는 입장이고, 동료들 사이에서 경쟁 압박도 심하고 상사가 강도 높은 노동을 요구하는 걸로 보일 수도 있다. 다만 이런 경우 역시 당신에게 원래 내재해 있던 실패의 불안 때문에 실제보다 더 과장해서 위협을 느끼는 것은 아닌지 세심하게 따져 봐야 한다. 가장 좋은 방법은 같은 일터의 동료나 믿을 만한 친구들과 얘기를 나누면서 당신의 상황을 현실적으로 평가해보는 것이다. 정말 경쟁이 치열한지, 성과에 대한 압박이 강한지 하나하나 검증해보자. 가능하다면 이 점에 대해 상사나 고용주와 터놓고 이야기를 나눠보라. 좀 더 투명한 결과를 얻을 수 있을 것이다.

그래서 이러한 이유가 아니라면, 이미 언급했듯 스스로와 삶을 통제하지 못할 거라는 막연한 두려움이 당신으로 하여금 지나치게 일에 빠져 살게 만드는 원인일지 모른다. 그렇다면 당신이 하는 일들이 정말로 모든 걸 '제어'하는 데 도움이 되는가 질문해보자. 일례로 결벽증을 가진 주부의 이미지를 떠올려보자. 집 안이 번쩍번쩍 광이 나는 것이 그 여성의 자존감을 높이고 삶을 풍요롭게 하는 데 도움이 되는가? 혹시 가만히 있으면 지겹고 공허한 감정이 솟아오를까 봐 두려워서 그런 건 아닐까? 아니면 그렇게 끊임없이 무언가 일을 손에 잡고 있어야 생각하고 싶지 않은 문제를 밀어낼 수 있어서는 아닐까? 만약 정말 지겹고 공허해서라면 그런 생각 없고 분주한 행위를 대체할 의미 있는 취미 활동을 찾아보는 것이 좋다.

　어떤 문제를 잊어버리려고 맹목적인 행위에 매달리는 것이라면 어떤 문제를 끝까지 무시할 수는 없다는 것을 유념하자. 무언가를 무시하는 데 드는 에너지는 미루는 때와 마찬가지로, 오히려 그 과제를 직면하고 대처할 때보다 훨씬 많이 소모된다. 세상일을 혼자 다 하는 것처럼 바쁜 사람들을 자세히 들여다보면, 일을 안 하고 가만히 있으면 그동안 애써 외면했던 무언가가 자신을 덮칠 거라는 불안이 마음속 깊숙이 깔려 있는 경우가 많다.

　실제로 상담 중에 오래전 세상을 떠난 가족이나 지인의 죽음에 난데없이 비통하게 눈물을 흘리는 내담자들이 적지 않다. 본인들도 자신이 그렇게 격렬하게 슬퍼한다는 사실에 깜짝 놀란다. 먹고사는 일에 목을 매고 바쁘게 사느라 가만히 슬픔을 느낄 여유를 만들지 않았던 탓이다. 눈물로부터 도망쳤지만 결국 덜미를 붙잡힌 셈이다.

　과거의 사건뿐 아니라 부부간의 갈등처럼 당장 막중한 문제조차 일부러 스트레스를 만들고 과로를 하면서 외면하려는 사람들도 있다. 물론 일을 통해 어느 정도 근심을 잊어보려는 태도는 나쁠 것 없다. 난관을 접한 후에도 일상의 틀을 유지하기 위해서, 혹은 비극적인 상실을 겪고 나서 다시 삶의 궤도로 돌아오기 위해서 취하는 건강한 전략일 수 있다. 하지만 도통 쉬지도 멈추지도 않을 때, 모든 걸 내려놓고 문제를 직면하는 대신 도피하느라 더 많은 에너지를 낭비하고 있다면 문제가 생길 수밖에 없다.

회피 전략이 나쁜 이유는 아무리 그래봤자 문제가 저절로 풀리지 않기 때문이다. 오히려 문제는 더 커지고 늘어나서 외면하고 싶어도 더 이상 외면하기가 어려워진다. 차라리 진작 손을 쓰는 것이 나았을 거라고 후회하게 될 수도 있다. '조기 발견'은 몸에서 질병을 찾을 때에만 중요한 게 아니다. 인생사 역시 문제가 생기면 제때 조치를 취해야 치유도 회복도 쉬워진다.

/ / /

성공을 마음껏 즐기지 못하는 사람들

당신도 혹시 실수를 저지를지도 모른다는 끊임없는 두려움 때문에 과도하게 일에 매달리고 있는가? 그렇다면 이번 기회에 이 불안이 무엇에서 비롯되었는지, 최악의 경우 어떤 일이 벌어질 것 같은지 곰곰이 떠올려보자. 최악의 사태가 벌어지면 혹시 죽을지도 모른다는 예감이 드는가? 당신이 과연 최고가 되어야 하는지, 결코 실수하지 않는 완전무결한 존재가 되어야 하는지 또한 생각해보자. 평범하게 사는 것이 훨씬 편하고 홀가분할 수도 있다. 당신이 하는 행동과 당신 존재의 중요성을 적당한 선에서 조절하면 삶이 좀 더 자유롭고 편해질 것이다.

반대로 당신 능력이 한참 평균을 밑돈다고 여긴다면, 현실에 입각해 자신의 능력을 하나하나 점검해보자. 그 과정에서 주변 사람들의 의견을 듣고 참고하는 것도 좋은 방법이다. 처음부터 자신을 객관적으로 평가해두면 이유 없이 스스로에게 실망하는 일을 미리 막을 수 있다. 실제로 자신을 줄곧 깎아내리거나 보람의 기미가 조금이라도 느껴지면 냉큼 싹을 잘라버리는 것은 대단한 심리적 에너지가 소모된다. 당신에게 내재한 심리 프로그램을 구체적으로 떠올려보자. 당신의 낮은 자존감 때문에 틈만 나면 개인적 결함이 과장되게 눈에 들어온다는 것은 아닌가. 실제 가능성 안에서 자신의 능력을 평가해야지, 무조건 완벽함의 잣대부터 들이대서는 안 된다.

자존감이 낮더라도 직업상 크게 성공하는 사람은 상당히 많다. 문제는 이들이 자신의 성공을 마음껏 즐기지 못한다는 점이다. 이들은 끊임없이 자신이 어떤 업무를 수행할 때 꼭 필요한 존재라거나 자신이 없으면 아무 일도 안 된다는 사실을 증명해야 한다는 압박감에 시달린다. 그러다 끝내 탈진할 때까지 일한다. 일할 때만이라도 스스로 가치 있는 존재라는 위안을 느끼기 때문이다. 하지만 일은 어디까지나 인생의 중요한 일부로 국한될 때만 그 의미가 있다. 대부분의 사람들이 기꺼이 노동하는 이유는 무엇인가. 일 말고도 자신의 건강과 안녕, 취미나 가족, 그 밖의 욕구를 위한 여가 시간이 동등하게 보장받으리라 믿기 때문이다.

어느 선까지 일해야 적당한 것인지 알기 힘들다면 스스로 이런 질문을 떠올려보자. '일하지 않을 때 나는 누구인가?'

제대로
화를 내는 기술

공격성은 자존감에서 항상 중요한 의미를 갖는다. 자존감이 낮은 이들은 공격성을 심하게 억누르거나 반대로 남발하는 경향이 있기 때문이다. 크게 분류하자면 자존감 문제를 겪는 사람들 중 평화 지향의 유형은 지나치게 공격성을 억누르는 편이고, 욱하는 유형은 충동적으로 공격성을 분출하는 편이다.

원래 공격성이나 분노의 감정은 위협적인 상황에서 우리가 스스로를 방어하며, 극단적인 경우에는 목숨을 구하는 데 반드시 필요할 만큼 삶에서 중요한 정서다. 문제는 이 문명화된 사회에서 위협적이거나 방어가 반드시 필요한 상황이 그렇게 명확히 구분되지 않는다는 점이다. 누군가 내 머리를 갈기려고 한다면 답은 간단명료하다. 그럴 땐 당연히, 그리고 반드시 나를 지켜야 한다. 그런데 어떤 지인이 나를 보고도 인사를 하지 않는다면? 배우자가 나에게 잔소리를 늘어놓고 불만을 토로한다면? 동료가 내 제안에 콧방귀를 뀐다면?

자존감이 낮은 사람들 중 다수가 자신이 지금 상황을 제대로 보고 있는 건지, 동료, 배우자, 상사의 말과 행동을 제대로 해석한 건지 확신이 들지 않아 괴로워한다. 내 인격에 대한 공격이 들어온 게 맞는지 헷갈리는 것이다. 설사 그렇다는 확신이 들어도 워낙 상대방을 우위에 놓기 때문에 그들과 정면으로 부딪혀볼 가능성을 고려하지 않는다. 공연히 화를 일으키지 않고 조용히 비켜가고 싶어 하며 문제가 알아서 정리될 거라 기대한다. 그래서 화를 억누르고 침묵한다. 하지만 앞서 말했듯 그런다고 화가 사라지는 것이 아니다. 그것은 그 사람 안에 하나씩 켜켜이 쌓이고 어디로든 분출될 기회를 노린다. 그러므로 갈등을 꺼릴수록 도리어 내면에 공격성이 일어난다는 것을 알아차리고, 스스로와 타인을 위해서라도 건강한 방식으로 그것을 다루고 조절하는 연습이 필요하다.

갈등 회피형 사람들에게는 분노가 파괴적인 것으로 보이기 때문에 그것을 위협적인 감정으로 규정한다. 이들은 무언가를 파괴하기는 싫다. 그저 남들이 자신을 받아들여주고 좋아해주길 바란다. 그래서 적절한 공격성까지도 무조건 숨통을 틀어막는다. 대부분 이 감정은 무의식적으로 자신 스스로를 향하게 되고, 그것이 오래 반복되면 몸이 아프고 우울증이 찾아올 위험에 처한다. 아니면 상대가 전혀 앞뒤 인과관계를 눈치채지 못할 정도로 엉뚱한 대목에서 보복을 행함으로써 은밀하게 이 분노를 표출한다. 혹은 수동적으로 저항하면서 상대에게 보이지 않는 벽을 친다든지, 몰래 연락을 끊거나 일부러 이런저런 일들을 잊는 척한다든지, 원래 불만이 생겨난 계기와 전혀 다른 지점에서 발끈하는 등의 반응을 보인다.

분노의 감정에 귀 기울여야 하는 이유

당신 역시 화가 잘 안 느껴진다든지 일부러 참는 편이라면 조금이라도 빨리 이 감정에 귀 기울이고 자세히 살펴보는 통로를 마련해야 한다. 무엇보다도 스스로에게 분노의 감정을 마음껏 느껴도 된다고 허락하자. 분노와 공격성은 당신의 엄연한 일부이며, 스스로와 남에게 진솔하게 행동할 수 있게 돕는 감정이라는 것을 명확히 인식하자. 특히 분노는 당신에게 해로운 관계에서 벗어나게 도와주는 중요한 전제조건이기도 하다.

심리학자들은 이 맥락에서 '분리 공격성'이라는 말도 사용한다. 이는 원래 엄마와 아기의 초기 관계를 지칭하기 위해 나온 개념이다. 유아가 하나의 독립된 개체로 성장하려면 반드시 일정량의 공격성이 있어야 한다. 특히 아기가 자주성을 강하게 주장하는 반항기에는 이 분리 공격성이 요긴하게 쓰인다. 화를 터뜨리며 싫다는 말을 고래고래 지르고 자기 뜻을 관철하기 위해 엄마를 때리기도 한다. 성인 역시 자신에게 해를 입히는 타인과 거리를 두거나 필요할 경우 결별하기 위해서도 일정량의 분리 공격성을 써야 한다.

인간은 자기 결정권을 보장받으며 살기 위해서라도 공격성을 어느 정도 반드시 지니고 있어야 하고 표현해야 한다. 나는 화가 치밀고도 남았을 일에 공격성을 억누르고 사는 내담자들을 꽤 자주 만난다. 배우자나 연인이 얼마나 자신을 존중하지 않는지 얘기할 때에도 내담자 본인은 그런 행동에 그냥 애석하다는 표현만 하고 만다. 자신을 존중하지 않는 태도를 보면 화가 나지 않느냐고 물으면, 건성으로 왜 아니겠냐고, 화가 난다고 내답한다. 하지만 그렇게 말하는 그들의 태도는 맥이 빠져 있다. 그럴 때마다 나는 지금 막 당신이 느낀 그 분노의 불씨에 완전히 집중하고 그것에 한껏 자리를 내주라고 요청한다. 그러면 대부분 내담자들의 자세가 바뀌고, 자리에서 몸을 일으키거나 억센 태도로 돌변한다. 바로 이 순간 자기연민이 마음에서 물러나고 나를 지키고 저항해야겠다는 결심이 그 자리를 채우게 된다.

제때 자신을 위해 항변하고 분노와 짜증을 오래 묵혀두지 않는 것은 아주 중요하다. 어떤 이들은 분노를 너무 오래 쌓아두기만 해서 결국 분노가 불안을 능가하고 압도해버리는 사태가 벌어진다. 불안의 수위가 워낙 높다 보니 그것을 이겨내려면 분노의 강도 또한 무섭도록 거세야 한다. 그럴 때 이 폭발력은 모든 것을 날려버릴 만큼 엄청나다. 그때까지 이 사람의 마음속에 어떤 동요가 일었는지 전혀 눈치채지 못한 상대방은 깜짝 놀랄 수밖에 없다. 이런 분노의 폭발 현상을 보면 화는 불안을 이겨내는 확실한 특효약이라는 사실이 입증된다. 다만 이 사회에서는 분노가 되도록 문명화된 방식으로 표출되어야 하고, 화가 최고조에 다다르기 전이어야 그것이 가능하다. 부풀대로 부푼 화는 모든 것을 회복하기보다는 파괴하기 쉽기 때문이다.

화를 제때 인지하지 못하고, 또 제대로 표현하기 힘들어하는 이들을 위해 다음 다섯 가지 단계의 분노 조절 전략을 추천한다.

1단계: 자기 마음을 들여다보고 혹시 분노를 불러일으키는 상황이 있는지 찾아보자. 그리고 그때 올라오는 감정을 가만히 내버려두자.

2단계: 이 분노를 가만히 지켜보자. 그리고 생각해보자. 정확히 남들의 어떤 행동이 당신을 화나게 만드는가?

3단계: 이 분노가 자신과도 상관이 있는지 분석해보자. 이 분노는 정당한가? 혹시 이 감정이 당신의 열등감에서 오는 것은 아닌가? 혹은 과거의 관계에서 파생한 화가 하필 지금 있는 상대방에게 전이되어 나타나는 것은 아닌가?

4단계: 평소 같으면 어떤 태도를 보일지 떠올려보자. 싸움 앞에서 물러서거나 서글퍼하거나 두려워할까? 그냥 패배를 인정하거나 침묵하거나 보복하거나, 아니면 더 이상 화를 안 느끼게끔 화를 낸 계기를 어떻게든 무마하고 얼버무릴까?

5단계: 상대방과의 갈등을 어떻게 하면 적절한 방식으로 해결할 수 있을지 생각해보자. 앞서 등장했던 여러 가지 소통 수단을 참고해도 좋을 것이다.

잊고 있던
오랜 상처를 달래줄 시간

    분노와 불안은 대립 관계에 있다. 잘못을 저지를지도 모른다는 불안과 버림받을까 봐 두려운 마음은 건강한 공격성마저 차단한다. 당신의 분노를 누그러뜨리기 위해 택하는 우회로는 제때 말로 표현하고 푸는 것보다 공정하지 못할 가능성이 크다. 스스로의 화를 빨리 인정할수록 그 분노를 적절하게 표현하는 것이 쉬워지고, 그로써 상대방에게도 행동의 변화를 가져올 기회를 줄 수도 있다. 혹여 끝내 그것이 관계 개선을 돕지 못한다 해도, 당신이 표현하는 분노가 적당한 시기에 관계를 끝내고 자유로워질 수 있는 동력을 제공할 수 있다.

    쉽게 욱하는 충동적인 성향을 가진 사람들은 어떤가. 이들도 스스로 화를 조절하고 불같은 성미를 다스리고 싶어 한다. 이런 성향이 문제인 것은 정작 화를 나게 만든 대상을 제대로 알아차리지 못하는 탓이다. 욱하는 사람들은 너무 쉽게 사소한 일에 격분한다. 그러면서 자신을 화나게 한 원인이라고 간주한 것과 자신이 격분하는 반응 사이에 사실은 전광석화처럼 빠르게 패턴화된 사고 회로가 작동하는 것을 알아차리지 못한다. 거기에는 자신이 버럭 화를 내는 진짜 이유가 지금 그 대상이 아니라 이런 사고 회로 때문임을 모른다는 맹점이 존재한다. 되도록 머릿속에서 이 프로그램이 자동으로 돌아가기 전에 이 맹점을 포착해야 한다.

정말로 나를 화가 나게 만든 사람은 누구인가

분노는 가급적 서서히 화가 올라오는 단계에서 그것을 조절하는 것이 중요하다. 일단 걷잡을 수 없이 흥분한 격분 상태로 넘어가면 제동을 거는 것이 쉽지 않다. 앞서 말한 맹점이란 다름 아닌 철저히 주관적으로 상황을 해석하는 것이다. 예컨대 누군가 특정 발언을 했다. 그리고 여기 무의식적으로 지극히 개인적인 해석이 뒤따른다. 충동적인 반응을 일으키는 것은 바로 이 해석이다. 타인이 건넨 중립적이거나 심지어 호의적인 발언마저도 이 해석을 거치면 인신공격으로 탈바꿈하기도 한다. 이 부정적인 해석의 중심에는 아물지 못한 오래되고 깊은 상처가 있다.

두 돌 지난 자신의 아이에게 너무 발끈하면서 공격적으로 대하는 것이 힘들어 상담을 청한 여성이 있었다. 우선 우리는 그녀가 아이에게 공격성을 느끼는 구체적인 상황을 분석해보기로 했다. 분석을 시작하자마자 그녀가 아이의 태도를 보고 엄마인 자신을 무시한다고 해석했다는 사실을 알아냈다. 이를테면 그녀는 아들의 시선조차 공격이라고 속단했다. '쟤 또 어디 해볼 테면 해보라는 식으로 나를 쳐다보네. 엄마한테 존경심이라곤 털끝만큼도 없어!' 이런 식의 해석이 내려지면 그녀는 곧바로 아이를 혼냈다. 나와 대화하기 전까지는 자신을 화나게 하는 것이 아들의 시선이 아니라 본인의 해석이라는 사실을 의식하지도 못했다.

지금까지 내 경험에 비추어보면 분노를 일으키는 일이나 날카로운 발언 등은 그렇게 느끼는 당사자의 개인적인 상처 때문이지, 상대가 객관적으로 정말 그것을 의도했는지 여부와 거의 관계가 없다. 그러므로 충동적으로 화를 내는 태도를 바꾸고 싶다면 자신이 가진 상처부터 들여다보아야 한다. 이 책 도입부에서 자존감이 약하고 자기불안이 있는 사람들은 치유되지 않는 상처를 갖고 있다고 말한 것을 떠올려보자. 어떤 상황에서 갑자기 터져 나오는 화를 주체할 수 없다면 지금 일어난 상황이 아니라 훨씬 오래전에 발생한 내면의 깊은 상처가 분노의 진원지일 가능성이 크다. 지금의 상황은 단지 그것을 건드렸을 뿐이다. 어릴 적 있었던 경험 때문에 커서도 쉽게 무시당하고 거절당한다고 느끼는 사람은 별것 아닌 일에도 이 감정에 꾸준히 조종당하고 압도당한다. 앞서 말한 두 돌배기 아들을 둔 여성도 자신의 어릴 적 기억과 아이와의 관계를 무의식적으로 뒤섞은 경우였다.

난데없이 터지는 분노 때문에 당혹스럽다면 다음 여섯 가지 작업을 차례대로 시도해보길 권한다.

1단계: 당신이 벌컥 울화가 치미는 전형적인 상황이 있다면 떠올려보자. 구체적으로 누구와 어디서 어떤 일이 있었는지 기억을 더듬어보자. 상황이 구체적일수록 자신의 자극, 해석, 반응의 패턴을 분석하기 좋다. 당신이 공격받았다고 느낀 말과 행동을 되도록 사실에 근거하여 글로 적어보자. 그 아랫줄에 당신이 해석한 내용을 덧붙이고, 다시 그 아래에는 당신이 반응한 내용을 적는다.

2단계: 그렇게 적은 상황들마다 공통되는 사항을 찾아보자. 아마도 당신이 평가절하되거나 무시당하거나 배제되었다고 느끼는 순간들이 대부분일 것이다. 이제 당신이 살면서 겪어온 오래된 상처가 무엇이 있는지 찾아보자. 이토록 격한 반응을 불러일으킬 만큼 깊고 오래도록 아물지 않은 상처와 모욕은 무엇인가?

3단계: 그 상처를 찾았다면, 내면어른의 입장에서 당신의 내면아이 손을 잡고 그 아이에게 일어난 아픔과 상심을 위로해주자. 아이에게 다음에도 혹시 공격받는 느낌이 들면 내면어른이 나서서 상황을 해결해줄 것이라고 약속하자.

4단계: 앞으로 있을 비슷한 상황에 미리 대비하자. 우선 당신 혹은 내 면아이가 예전에 받은 상처를 자꾸 현재로 끌어와 전이하고 있다는 사실을 뚜렷하게 의식하고 알아차리는 것이 제일 중요하다. 그것을 통해 과거와 현재라는 두 가지 부분을 서로 명백하게 분리하려고 노력하자.

5단계: 앞으로 그런 상황이 오면 어떻게 처리하고 싶은지 성숙한 전략을 미리 마련해두자. 여기서 중요한 것은 당신의 마음속 성숙하고 이성적인 부분이 주도권을 잡아야 한다는 점이다. 아울러 이 중국 속담을 기억하길 바란다. '딱 한 번 화를 참으면 100일간의 걱정을 면할 수 있다.'

화를 억누르는 사람이든 쉽게 욱하는 사람이든 되도록 의식적이고 성찰적인 방식으로 자신의 공격성을 다루는 것이 필요하다. 내면에 가진 상처, 바람, 동기, 그로부터 파생되는 감정과 생각을 하나하나 의식할수록 공격성을 다루는 것도 쉬워진다.

'기쁨 결핍 증후군'을
다루는 방식

　지독할 정도로 스스로에게 만족하지 못하는 사람은 '기쁨 결핍 증후군'에 걸렸다고 볼 수 있다. 심한 경우 딱 두 가지 증상이 겉으로 드러난다. 무척 고단해하고 지루해하거나, 아니면 스트레스와 심신 장애가 나타나거나. 삶의 기쁨이 없는 것도 이미 힘들고 억울한데, 엎친 데 덮쳐 면역 체계까지 부실해진다. 수많은 심리학 연구와 의학 연구에서도 사는 기쁨과 면역력의 밀접한 상관관계를 다룬 바 있다. 살아가면서 기쁨과 의미를 찾는 것이야말로 질병을 예방하는 최고의 보약이다. 다들 스트레스가 병을 낳는다는 것은 알지만, 나쁜 먹을거리와 흡연보다 더 악영향을 미친다는 건 잘 모른다. 그 때문에 '불안' 행성에서 사는 동안에는 당신의 건강 또한 장기적인 위험에 노출된 셈이다.

　이 책에서 안내하는 여러 수단과 전략은 자기 스스로에게 좋은 친구가 되기 위해 택할 수 있는 조치이기도 하다. 물론 이것 말고도 살면서 더 기쁘고 즐겁게 살 수 있는 방법을 부지런히 강구해야 한다. 잊지 말자. 기쁘지 않으면 오래 살고 싶어도 그렇게 하지 못한다.

기쁨에 중심을 둔 생애사

아마 지금까지 당신은 결핍 중심의 생애사를 쓰는 데 익숙했을 것이다. 흔히 지난 삶을 되돌아보며 자신이 망쳐버린 일들, 자신에게 일어난 불운만 열심히 떠올린다. 이제 의도적으로 기쁜 일을 중심으로 생애사를 만들어보면 어떨까? 잘 풀린 일은 무엇인가? 까다로운 상황에서 무사히 일을 처리한 경험이 있는가? 언제 운이 좋았던가? 어떤 성과에서 보람을 느꼈는가? 부모가 잘해준 것은 무엇인가?

내게 상담받던 한 남성은 아버지와의 불편한 관계 때문에 고민이 컸다. 그러다 상담 중에 아버지와 행복했던 순간들도 있었다는 사실이 문득 떠올랐다. 아버지와 아들은 이따금 함께 숲길을 걸었는데 그때마다 두 사람은 마음이 맞았고 일치감을 느꼈다. 내담자는 이 기억을 떠올리면서 따뜻한 빛에 휩싸인 아버지의 모습을 마음의 눈으로 목격했고, 그 순간 어떤 해방감이 찾아왔다. 불쾌감이나 그 밖의 힘든 감정은 심리적인 부담을 주게 마련이다. 앞서 화를 적극적으로 실감하라고 조언했는데, 지금 여기서 하는 말도 같은 맥락이라 할 수 있다. 일단 분노와 공격성을 생생히 느끼고 충분히 돌아보아야 그 뒤에 그것을 없애든 화해하든 할 수 있기 때문이다.

낙천적인 성격에다 지금까지의 인생을 만족스럽게 여기는 사람이라면 당연히 기쁨에 중심을 둔 생애사를 절로 쓸 수 있는 것이다. 당신 역시 슬프고 힘들었던 경험일지라도 거기서 그래도 뭐가 좋았는가, 지금 돌이켜보면 무얼 얻을 수 있는가 하는 질문으로 접근해보자. 그 과정에서 당신도 모르게 스스로의 생애사에 좀 더 긍정적인 의미를 부여하게 될 것이다. 자신의 존재 가치를 높여주는 의도적 '기억 상실'은 우리를 건강하게 지켜준다. 약간의 미화 작업은 심신 건강에 전혀 해롭지 않으며 때로는 반드시 필요하다.

보상 체계를 활성화하라

앞서 보상 체계와 처벌 체계를 언급한 바 있다. 이 보상 체계를 어떻게 자극하고 활성화할 수 있을까? 당신이 어느덧 자기파괴적인 생각과 감정에 빠져든다면 스스로에게 '그만!'이라고 외치자. 그리고 머릿속에서 등을 돌리며 휙 돌아서는 동작을 상상하자. 살면서 실패했다가 다시 회복한 경험이 있다면 모두 떠올려보자. 당신의 모든 재능과 성격상 강점을 일일이 상기해보자.

이제 앞으로의 변화와 미래에 에너지를 집중해보는 것이다. 사고 역시 행위 지향적으로 바꾸자. '방금 건 무효야. 다시 한 번 하겠어. 아니면 아예 다른 방식으로 해보겠어'라는 기준을 염두에 두면 편리하다. 그럴 때 롤모델을 정해두는 것도 괜찮다. 예를 들어 내가 즐겨

보는 서바이벌 오디션 프로그램 참가자들이 대표적이다. 특히 몇몇 참가자들은 혹독한 비판을 듣고서도, 우여곡절 끝에 기운을 내서 다음 기회에 다시 도전한다. 이들은 스스로를 그냥 패배하고 무릎 꿇게 내버려두지 않고 자신에게 쏟아진 냉엄한 비판을 생산적으로 이용한다. 나이와 관계없이 그런 의지를 보인다면 누구든 우리의 좋은 롤모델이 될 수 있다. 프롤로그에서 '확신' 행성 주민이 했던 말을 기억하는가? "넘어지는 게 뭐 잘못인가요. 거기서 안 일어나는 게 문제죠!"

나는 남의 기대에 부응하려고
태어나지 않았다

    자기 안에 보상 체계를 잘 구성해놓은 사람은 어떻게든 방향 전환을 해낸다. 이들은 고통스런 상황에서 벗어나려는 격렬한 갈망을 품는다. 스스로에 대한 믿음이 흔들렸다면 자신이 가진 극복 전략과 실력을 일일이 복기해서라도 그것을 다시 일으켜 세운다. 명심할 것은 당신의 욕구와 바람을 항상 우선순위에 두라는 것이다. 당신은 남의 기대에 부응하려고 이 세상에 태어난 것이 아니기 때문이다.

///

자신을 의식적으로 보고 듣는 연습

기쁨을 허락하라

    성공한 경험이나 인상적인 체험담이 있다면 그때 느낀 기쁨을 다시 마음속에 떠올리고 그것이 생생히 흘러넘치게 놔두자. 이 감정에 몸과 마음을 내맡겨보자. '정신 차려! 땅바닥에 딱 붙어 있어!' 같은 재미없는 말로 이 기쁨을 질식시키지 말자. 나에게 상담을 받던 어느 대학생도 이렇게 털어놓았다. "예전에는 좋은 성적이 나오면 쉴 틈도 없이 바로 다음엔 또 뭘 할지 고민했어요. 지금은 달라요. 좋은 점수를 받으면 일단 그냥 그 행복감에 완전히 빠져들어요!"

그렇게 바뀐 비결을 묻자 그녀는 이렇게 답했다. "그냥 나를 좀 더 의식적으로 보고 듣고 느껴요. 덕분에 지금은 내 강점이 뭔지 잘 알죠. 그전에는 오로지 약점만 파고들고 거기서만 계속 맴돌았거든요."

여가를 계획하라

삶에서 더 많은 기쁨을 찾기 위해서는 여가를 적극적으로 즐겨야 한다. 여가를 즐기려면 말 그대로 남는 시간, 일하지 않는 시간이 있어야 한다. 따라서 하루 시간을 체계적으로 꾸리고 현실적으로 가능한 목표를 세우길 다시 한 번 권한다. 명심하자. 사람에게는 누구나 일을 끝낸 후의 저녁 시간, '일과 후'라는 것이 필요하다. 아무리 일이 많아도 적어도 일요일 하루는 완전히 쉬고 즐기는 데 써야 한다. 또한 어떤 일을 마무리하고 끝냈다면 스스로에게 보상을 해야 한다. 당신 안에 배터리가 있어서 이것을 항상 적당히 충전해주어야 한다는 것을 꼭 기억하자. 충전한 기력이 바닥나면 몸이 축나고 병이 든다. 그리고 그랬을 때 가장 손해 보는 것은 당신 자신이다.

여가를 확보하고 계획하는 것은 어디까지나 당신의 몫이다. 남이 알아서 해주거나 어떻게든 되겠지 하는 기대는 버리자. 당신이 행복해질 수 있는 것을 찾아보고 당신의 바람을 실천에 옮기자. 자연으로 나가는 게 좋다면 야외에서 할 일을 찾아보자. 춤추길 즐긴다면 춤을 추러 가자. 스스로를 돌보고 보살피자. 그리고 필요하다면 당신이 원하는 여가를 확보하기 위해 가정 안에서도 그 권리를 주장하자. 당신의 주장을 뒷받침할 논리는 충분하다. 무엇보다 당신이 스스로를 아끼고 돌볼 때 아빠 혹은 엄마로서도 훨씬 여유 있고 편안해질 수 있기 때문이다.

웃을 기회를 스스로 만들자

마음만 먹으면 일부러 웃을 일을 만드는 것도 어렵지 않다. 내 경우에는 심리치료사로 일하다 보니 늘상 진지해야 하는 데다, 가끔 남의 집이나 기관을 방문할 일도 많아서 항상 긴장하고 신경이 곤두설 때가 많다. 그런데 어느 날 문득 이런 생각이 들었다. '난 너무 안 웃고 사네. 도통 긴장 상태에서 벗어나질 못하잖아.'

어떻게든 도움을 얻을 요량으로 나는 카나크어 CD를 틀고 들어보았다. 독일에는 터키 이주민 출신 젊은이들 사이에서 유래한 독특한 언어 체계가 새로 유통되고 있다. 이 말들은 어이없을 만큼 기이하고 우스웠지만 그것 때문에 기분이 밝아지고, 새로운 소통 수단을 배웠다는 생각에 자부심마저 생겼다. 카나크어를 섭렵하고 나서 나는 오스트리아 방언에 도전했다. 지금은 유명한 오스트리아 만담가가 나와서 펼치는 온갖 오스트리아 농담에 박장대소할 수도 있게 됐다. 사는 재미가 없다면, 그것이 찾아오길 기다리지 말자. 당신이 직접 그 재미를 사냥하러 나서자!

뿌듯함을 느껴라

'겸손은 최고의 미덕'이라고 흔히 말한다. 물론 틀린 말은 아니다. 다만 무언가 근사하게 해냈을 때에는 충분히 자랑스러워할 권리도 있다. 많은 이들이 자신이 이룬 성과를 뿌듯해하는 것을 불편해한다. 어쩌면 자부심에 대한 부정적 이미지가 강하기 때문인 듯하다. 이탈리아 작가 단테Alighieri Dante 역시 이 감정을 '죽음에 이르는 일곱 대죄'라고 칭하지 않았던가. 사람들의 머릿속에는 이 감정이 여전히 알게 모르게 단점으로 인식되는 것 같다. 하지만 지양해야 할 감정은 교만이나 자만이지 자랑스러움이나 뿌듯함이 아니다. 이 두 종류의 감정은 분명히 차이가 있고 구분되어야 한다. 뿌듯함이란 중요한 감정이다. 스스로에 대한 만족감과 기쁨이 확장된 상태가 뿌듯함이고, 근본적으로 말하면 우리가 지향하는 것도 바로 이 뿌듯함이기 때문이다.

많은 이들이 우려하는 것은 아마 그것과 구별되는 스스로에 대한 과대평가, 쉬운 말로 '잘난 체'일 것이다. 이것은 겸손함과 자기억압을 혼동하도록 잘못된 교육을 받은 데서 비롯된 듯하다. 더구나 자신이 한 일이 정말 자랑스러워해도 될 만큼 충분히 훌륭한지 확신이 없다.

또 완벽에 대한 강박은 마음 놓고 뿌듯함을 느끼지 못하게 막는 장애물이기도 하다.

이제 자랑스러운 일이 있다면 마음 놓고 스스로를 자랑스러워하자. 특히 당신이 하고 싶었고, 해야 하는 일을 실행에 옮겼을 때는 일부러라도 그래야 한다. 구체적으로 어떤 때 뿌듯함을 마음껏 누려야 할까?

- 상대방과 논쟁 중 당신의 의견을 능가하는 더 나은 의견이 제시되지 않아서 자신의 주장을 일관되게 지키고 유지했을 때
- 어떤 상황에서 솔직하고 허심탄회하게 자신의 속내를 표현했을 때
- 싫은 것을 싫다고 말했을 때
- 스스로의 강점을 깨닫고 알아차렸을 때
- 예전이었다면 움츠러들고 포기했을 과제에 도전했을 때
- 까다로운 사람을 존중하며 응대했을 때
- 두렵고 떨리지만 타인 혹은 자신을 위해 목소리를 내고 행동했을 때
- 실패하고 나서 다시 일어나 도전했을 때
- 자신이 불안하다는 사실을 받아들였을 때
- 자신의 약점을 따뜻하게 수용하고 다독일 때
- 자신의 신념을 지키고 실천할 때
- 갈등을 극복하고자 솔직하게 대화를 시도할 때
- 무엇보다 자신을 속이지 않고 꾸준히 애쓰고 있을 때

당신은 지금 모습 그대로 이미 완전하고 충분하다. 그것만으로도 충분히 괜찮다.

마침내 '확신' 행성으로
도착한 순간

그물 침대에 누워 느긋하게 눈을 감는다. 내 몸에 내려앉은 햇살이 따뜻하다. 예전에는 이런 여유를 즐기지 못했다. 최근에야 나는 삶을 느긋하게 대하는 법을 배웠다. 모든 것은 그 '확신' 행성 주민의 인터뷰 기사에서 시작됐다. 기사를 막 읽었을 때만 해도 그자가 돌았다고 여겼지만, 왠지 거기서 본 말들이 뇌리를 떠나지 않았다. 결국 인터넷에 접속해 여기 얽힌 무언가가 있지 않을까 싶어 검색어를 입력했다. 정말 깜짝 놀랄 만큼 많은 정보가 올라와 있었다. 하나씩 살펴보다가 확신 행성 주민을 위한 커뮤니티를 발견하고 들어가 보았다. '복면'이라는 대화명을 사용해서 로그인했다.

커뮤니티에는 '확신' 행성 사람들이 대부분이었지만 나처럼 '불안' 행성 사람들도 간간이 눈에 띄었다. 그중 일부는 나처럼 신문 기사를 보고 찾아왔다고 했다. 익명을 쓰는 공간이었으므로 용기를 내어 몇 가지 질문을 솔직하게 올렸다. 내가 올린 첫 번째 질문은 '자기 약점을 받아들이고 인정한 사람이 정말 있느냐'였다. 무려 100개가 넘는 답글이 달렸다. 답글을 단 이들 중에는 우리 행성에서 확신 행성으로 이주한 사람들도 있었다. 나중에 그중 한 여성과 꾸준히 대화를 나누게 되었다. 그녀는 확신 행성으로의 이주가 자신의 오랜 꿈이었다고 밝혔다. 청소년기에 처음으로 확신 행성에 대해 들었는데, 어떻게 하면 거기로 갈 수 있는지 철저하게 조사하고 알아냈다고 했다. 그녀도 처음엔 자신이 절대 성공하지 못할 거라고 생각했지만 어떻게든 이겨내려 싸웠고 포기하지 않았다고 했다.

뭐가 제일 어려웠냐고 묻자, 복면을 벗는 일이었다고 답했다. 그 과정이 워낙 힘들어서 한 단계씩 천천히 해야 했단다. 그녀는 어떤 상황에 처할 때마다 일부러 복면을 가방에 넣어두고 꺼내지 않는 연습을 억지로 했고, 처음 몇 번은 벌거벗은 기분이었다고 했다. 그러다 차츰 복면이 없어도 아무런 피해가 없다는 게 명확해졌고 점점 용기가 생겼다나? 제일 근사했던 건, 복면이 없으니 훨씬 편하게 숨 쉴 수 있다는 점이었다고 그녀는 말했다. 그녀는 여전히 복면을 갖고 다니긴 하지만 이것을 쓰는 일은 거의 없다고 한다.

나는 자신의 약점이 남들에게 그대로 탄로 나는데도 어떻게 견뎠냐고 물었다. 그녀는 물론 처음에는 몹시 힘들었지만, 문득 정신을 차려보니 자기 말고는 그 약점을 알아보는 사람이 아무도 없었다고 말했다. 복면을 썼을 때와 다를 바가 없었다는 것이다. 그녀는 시간이 가면서 점차 여유가 생겼고, '그렇다면 굳이 스트레스 받을 이유가 없지'라는 생각이 들었다고 한다. 그러고 나자 사는 게 한결 수월해졌고 그 홀가분함을 진심으로 즐기게 된 것이다.

그녀는 자기 스스로를 지지하고 옹호했다는 이야기도 들려주었다. 그녀는 자신의 의견, 바람, 불안까지도 자기 자신과 한편이라고 생각했다. 그러자 마음을 터놓고 얘기할 용기가 났고 가끔은 분위기에 역행하는 의견도 제시할 수 있었다. 물론 그 과정에서 이따금 어렵고 힘든 경험도 했다. 예전에는 자신을 피해자, 희생양으로 인식했지만 지금은 자기 책임을 마땅히 짊어지는 법을 배웠다.

그녀가 이 과정에서 얻은 가장 중요한 수확은 자신을 인지하는 방법을 깨달은 것이다. 전에는 남들이 자신을 어떻게 보는가에 대해서만 신경 쓰고 연연했다. 그때는 자신을 소중히 여기고 주의를 기울이면 너무 이기적인 거라고 생각했다. 지금은 전혀 관점이 달라졌다. 자신을 중요하게 여기고 가치를 높이 살수록 남들 앞에서 주눅들지 않게 되고, 그로써 다른 이들을 아끼고 배려해줄 수 있다는 걸 알게 되었다.

///

이 모든 일은 나를 완전히 혼란에 빠뜨렸다. 나는 막다른 골목에 부딪힌 기분이었다. 전에는 당연하게 여겼던 것들이 의심스러워지고 낯설어 보였다. 그건 엄청난 일이었다. 문득 마음속에서 어렴풋한 예감이 떠올랐다. 어쩌면 이게 다 내 머릿속에서만 존재하는 게 아닐까? 강자니, 독재니 하는 것들이 죄다 환상인 건 아닐까? 나는 조심스럽게 내가 사는 불안 행성의 몇몇 사람들과 솔직하게 얘기를 나누고 질문도 던져보기 시작했다.

의외로 나 같은 사람이 무척 많았다. 대부분 각자 자기회의와 이런저런 불안을 안은 채 살고 있었다. 우선 나 혼자 외롭게 고군분투하고 있지 않다는 사실을 안 것만으로도 크게 위안이 됐다. 그런데 정말 이상했다. 내가 용기를 내면 낼수록 그렇게 많던 강자들이 점점 보이지 않았다. 날이 갈수록 강자들은 모습을 감췄다. 혹시 내가 사람들을 쳐다보는 시각이 달라진 건 아닐까? 좀 더 시간이 지나면 알게 되겠지. 지금은 일단 아내와 아이들과 같이 아이스크림을 먹으러 외출할 작정이다. 어쨌거나 오늘은 일요일이니까.

훌륭한 책은 사람들이 왜 그런지에 대해 광범위하고 깊은 통찰력을 제공한다. 이해와 관용을 자극한다. 이 책이 그런 책이다.   — Alexandra Welbers

자존감이 어쩌다 낮아졌는지, 낮은 자존감이 일상에 어떤 영향을 끼치는지 잘 설명해준다. 무엇보다 자존감을 어떻게 강화할 수 있는지 구체적 방안이 담겨 개인적으로 매우 유익한 책이었다. 이 책은 자신감이 넘치는 것처럼 보이지만 실제로는 그렇지 않은 사람에게 특히 유용할 것 같다.

— monemone

슈테파니 슈탈의 책은 진부하지가 않다. 항상 많은 경험을 바탕으로 명료하게 이야기를 전달한다. 나와 크게 관계없는 문제인 것 같다가도, 몇 쪽만 읽다 보면 하나하나 내게 딱 들어맞는 이야기라는 걸 어느새 깨닫는다. 고맙습니다, 슈탈 씨!

— Lena Christl

전혀 다른 책을 찾다가 평이 좋아서 알게 된 책. 처음부터 끝까지 시선을 사로잡는다! 스스로 자존감이 낮다고 생각한 적은 없지만, 자존감으로 고통을 받든 안 받든 이 책에서 건네주는 일상의 팁들은 정말 가치가 있다. 확실히 추천!

— Anna Katharina

책을 읽어 나가면서, 내가 자존감이 낮은 사람이었구나 하고 절실히 깨달았다. 다른 사람이 이해해주지 못하는 부분이라고 생각하며 포기하고 살았는데, 신기하게도 그런 생각들을 콕콕 집어낸다. 책 한 권으로 모든 것이 바뀌지는 않겠지만, 차근차근 변화할 수 있을 것이라는 확신이 든다. 꼭 권하고 싶다.

— A*****l

실수를 용납하지 않는 사회를 살아갈수록 점점 더 자신에게 비관적이 되고, 스스로를 사랑하는 법을 잊고 사는 것 같다. 나 자신을 존중해야 한다는 것을 알고는 있지만 실제로 행하기란 참 어려운 일이다. 책을 통해 자존감을 향상하는 방법을 배우니 희망이 생겼다.   — 할**

어려운 상황에 부딪혀서 스스로 해결하고 싶은 마음에 산 책이다. 읽어봐야지 생각만 하고 미뤄뒀다가 드디어 구매했는데, 진작 읽을 걸 후회했다. 자신의 힘든 사정을 주변 사람에게 일일이 물어봐 가며 답을 듣기란 참 어렵다. 그럴 때 이 책으로 해답을 찾아보는 게 어떨까 추천한다. — C*******s

책을 읽으면서 감춰진 내면아이가 불쑥 나와서 나를 당혹스럽게 했다. 얼마나 두꺼운 가면 속에 나를 숨기고 있었는지 적나라하게 보여주기에, 읽기가 두렵기도 했다. 하지만 용기를 내서 마지막 장을 덮었고, 가장 나답게 살아가는 것이 얼마나 큰 행복이고 축복인지 알게 되었다.   — 스*일

업무에서 치이다 보면 어느새 자존감이 뚝 떨어진 나를 발견한다. 저자가 제시한 사례가 정말 현실적이라, 나도 비슷한 경우에 처했었지 생각하며 책 속으로 빠져들었다. 이런 스스로에게 어떻게 해야 할지 방법을 알 수 없었는데, 이제 길을 찾을 수 있을 것 같다. 특히 당황하고 불안할 때의 구체적인 대처법이 좋았다.   — L*v

요즘 사는 게 부쩍 즐거워졌다. '자존감'은 이제 내 인생의 중요한 키워드다. 내 안에 숨어 있던 '열등감 아이'를 꺼냈더니 세상이 이렇게 아름다웠나 싶다. 책이 이렇게 인생을 바꾸는구나.   — k********2

옮긴이 **김시형**

숭실대학교 독어독문학과를 졸업하고 독일어 번역자, 출판 기획자, 저작권 수출입 전문가로 일한다. 현재 그린북 에이전시 대표이다. 《당신은 생각보다 믿을 만하다》, 《서른세 개의 희망을 만나다》, 《심리학을 아는 사람이 먼저 성공한다》, 《왜 나는 행복하지 못한가?》 등을 우리말로 옮겼다. 저서로는 《기록되지 않는 노동: 숨겨진 여성의 일 이야기》(공저)가 있다.

나만 모른다, 내가 잘하고 있다는 걸

초판 1쇄 발행 2016년 7월 15일
 2판 2쇄 발행 2025년 1월 6일

지은이 • 슈테파니 슈탈
옮긴이 • 김시형

펴낸이 • 박선경
기획/편집 • 이유나, 지혜빈, 김슬기
홍보/마케팅 • 박언경, 황예린, 서민서
디자인 제작 • 디자인원(031-941-0991)

펴낸곳 • 도서출판 갈매나무
출판등록 • 2006년 7월 27일 제395-2006-000092호
주소 • 경기도 고양시 일산동구 호수로 358-39 (백석동, 동문타워 I) 808호
전화 • 031)967-5596
팩스 • 031)967-5597
블로그 • blog.naver.com/kevinmanse
이메일 • kevinmanse@naver.com
페이스북 • www.facebook.com/galmaenamu

ISBN 979-11-91842-04-3/03190
값 18,000원